체이싱 라이프

Chasing Life

:

고통 속에서 생명의 힘을 따라가는 삶

Chasing Life

Lesson On Suffering Well

Written by Beba Schlottmann
Translated by Gwak Hui-eun

Copyright © 2020 by Beba Schlottmann
5079 Dogwood Hills Drive, Sugar Hill, GA 30518

Paperback: ISBN 978-1-7350365-0-2
Kindle Ebook: ISBN 978-1-7350365-1-9
First paperback edition June 2020.
Edited by Babs Coppedge
Layout by Soohong Kim
Photographs by Photographer Brian Schlottmann
Printed by Lawrence Ink in the USA.
www.chasinglife.be

Korean Edition Copyright © 2020 by HaYoungIn
Pohang, Korea

고난을 끝까지 잘 통과한

나의 아버지 호세 L. 미란다에게

이 책을 바칩니다.

추천사

────

대한민국 기쁨의교회와 아반떼 인터내셔널팀은 국제적 네트워크 형성을 위해 2018년부터 연합 사역을 시작했습니다. 아반떼 팀들은 1년 가까이 한국에 머물면서 개척교회를 돕고 영어를 가르치고 함께 예배에 참석하는 등 다양한 사역을 헌신적으로 해왔습니다. 그들의 사역에 대해 진심으로 감사하고 계속 글로벌 네트워크를 형성할 수 있기를 바랍니다.

이 책의 저자 베바는 아반떼 인터내셔널팀의 스탭이자 팀원들의 영적인 어머니입니다. 베바 사모님이 자서전적 에세이를 출판했다는 소식을 듣고 얼마나 반가웠는지 모릅니다.

그녀는 삶과 죽음의 사이를 걸어본 자로서 우리가 느끼지 못한 고통 속에서 하나님의 숨결을 느낀 분입니다. 그녀의 스토리는 하나님의 능력으로 병이 낫게 된 기적의 간증이 아닙니다. 그녀의 스토리는 병상에서 고군분투한 내용을 담은 병상일기도 아닙니다. 그녀의 스토리는 극심한 고통 가운데서 만난 하나님의 손길과 그 과정에서 체험한 절망과 인내, 성숙을 담고 있습니다.

저에게 있어서 베바 사모님은 담담히 자신의 운명을 받아들이며 주님의 미세한 음성에 귀를 기울이는 분, 언제나 쾌활하게 다른 이들과 친근감을 형성하는 분입니다. 삶 속에서 한 번이라도 좌절을 느껴본 사람이라면 그녀와 친구가 되십시오. 그것이 어렵다면 이 책을 통해 고통을 견뎌내는 법을 배우십시오.

마음과 몸의 고통 속에 신음하고 있는 성도들과 신을 찾기 위해 몸부림치는 모든 구도자들에게 이 책을 추천합니다.

– 박진석 목사

포항 기쁨의교회 담임목사 / 글로리아 미니스트리 인터내셔널 대표 베바 슐라트만은 본문에서 "우리 그리스도인은 성경을 읽으면서 그리스도의 부활에는 환호하는 반면, 그리스도의 고난은 간과하는 경향이 있다."고 말합니다. 절체절명의 인생 이야기를 통해 개개인 및 인류를 향한 하나님의 구속 계획에 대해 생각할 때, 그리스도의 죽음과 부활 모두를 다루어야 한다는 다소 어려운 인생 교훈을 우리에게 전해주고 있습니다.

– 파울 슈미트갈

작가, 하나님의교회[01] 감람산·예루살렘센터장

『체이싱 라이프』는 베바가 심령의 길고 어두운 밤을 관통하며 써 내려 간, 예기치 못한 채 당황스럽게 시작한 여정에 대한 이야기입니다. 베바의 꿈은 산산조각났지만 그

---

[01] 편집자 주 : 여기서 말하는 하나님의교회는 미국 정통교단 중 하나인 "Church of God"으로 한국에서는 기독교한국성결회와 오순절교회협의회에 소속된 교단이다.

시간을 통해 새로운 어떤 것이 태동합니다. 베바는 피상적이고 통상적인 차원을 너머 더 깊은 신앙의 여정 속으로 나아갑니다. 그리하여 대다수 사람에게 익숙하지 않을 만한 더 속 깊은 삶의 자리로 우리를 초대합니다.

– 로저 대니얼
캐피 정선 하나님의교회 목사, 아반떼 인터내셔널 멘토 겸 강사

자아를 발견하고 두려움 앞에서 긍정적인 태도를 취하기로 결심하는 베바의 여정을 함께 따라가다 보면 감동과 힘을 얻게 됩니다. 특별히, 불확실하고 위태로운 시대 속에서 『체이싱 라이프』를 통해 그리스도를 신뢰하고 사랑하는 데 더 초점을 맞출 수 있게 될 것입니다.

– 티파니 코크란 에드워즈
코크란 법률사무소 내셔널 브랜드 매니저

일본 후지산, 2019

CONTENTS

감사의 말

어린 시절부터 줄곧 작가가 되는 게 꿈이었지만, 실제로 꿈을 이루리라고 상상도 못했습니다. 또 다시 병원 침대에 누워있던 어느 날, 저의 이야기를 글로 옮겨서 비슷한 처지에 있는 사람들에게 힘을 주어야겠다는 결심을 했습니다. 책을 쓰면서 한 가지 깨달은 점은 책 한 권이 완성되기까지 자신과의 치열한 싸움을 거쳐야 한다는 것입니다. 더불어 많은 분들의 도움이 없었다면 이 책은 세상에 나오지 못했을 것입니다.

저를 믿어주고 책을 쓸 수 있도록 격려해 준 남편 브라이언 슐라트만에게 감사합니다. 브라이언은 필요한 사람들을 연결해주고, 자료 조사를 도와주었습니다. 또한 재정적으로 그리고 정서적으로 저를 지원해주었습니다. 저에게 있어 브라이언보다 더 좋은 배우자는 없습니다.

작업할 수 있는 공간을 마련해주고, 글을 쓰느라 멀리 떨어져 있는 동안에도 제가 해낼 수 있다고 믿어 주며 기다려 준 첫째 아들 매튜 슐라트만, 둘째 아들 줄리안 슐라트만과 며느리 아나스테이시아 슐라트만에게 고마움을 전합니다.

세상 사람들이 부러워할 만큼 최고의 본보기가 되어 준 어머니 엘바 I. 끄루스 여사와 큰 언니 루르데스 모랄레스, 작은 언니 비비안 미란다, 여동생 야밀라 다비에게도 고마움을 전합니다. 이 네 명의 여성은 저의 자랑이자 기쁨이고, 날마다 저에게 힘을 주는 존재입니다.

편집인이자 좋은 벗인 김수홍 목사님에게 특별히 감사합니다. 제가 나누고자 하는 이야기를 믿고 책을 펴낼 수 있도록 신경 써준 목사님과 도서출판 하영인 직원들에게 감사합니다.

성실하고 책임감 있는 뱁스 카피지의 감수가 없었다면, 제 글은 독자들이 읽기에 투박했을 것입니다. 글을 다듬어주고 격려해준 뱁스에게 감사합니다.

책의 디자인을 맡은 박희경 디자이너(사라박)는 디자인에 대한 은사와 함께 프로 정신을 갖추었습니다. 자신 있게 말하건대, 마음씨가 아름답고 착한 사람입니다. 책을 아름답게 꾸며준 그녀에게 감사한 마음을 전합니다.

저의 이야기를 가치 있게 보아준 포항 기쁨의교회 박진석 담임목사님에 대한 감사를 빼놓을 수 없습니다. 저와 아반떼 인터내셔널팀Abante International Team이 대한민국 포항시에서 지내는 동안 물심양면으로 도와준 기쁨의교회 목회자 및 직원들을 향한 고마움을 마음 속에 늘 간직하고 있습니다.

대한민국에서 체류하면서 책을 쓰는 동안 숙소를 제공해주고 영원히 잊지 못할 친절을 베풀어준 남정임 집사님에게 저는 한없는 빚을 지고 있습니다.

프로 정신과 탁월한 실력으로 통역을 해온 저의 벗 곽희은 양에게 특별히 감사합니다. 곽희은 양의 번역을 통해 제가 좋아하는 나라 대한민국에서 이 책이 출판된 것을 기쁘게 생각합니다.

책을 쓰는 데 가장 큰 도움을 준 사람이자 벗인 로저 대니얼 목사님에게 고마움을 전합니다. 대니얼 목사님 특유의 통찰력과 직설이 없었다면, 저의 깨달음도 없었을 것입니다. 목사님은 제가 아는 사람 중에서 가장 명언을 많이 남긴 사람이자, 가장 훌륭한 성경공부 선생님입니다. 목사님에게 사랑의 빚을 지고 있습니다.

캐시 타이너에게 특별한 감사의 말을 전합니다. 캐시는 대한민국에서 저와 함께 있는 동안, 늦은 밤까지 책의 각 장 마지막에 나온 '생각해보기' 질문을 적는 데 도움을 주었습니다.

제가 고난의 여정을 지나는 동안 함께해 준 많은 의사 선생님 및 간호사 선생님께도 감사드립니다.

마지막으로, 제게 생명 주신 하나님께 감사드립니다. 주님은 제 인생의 힘입니다. 연약한 자를 붙들어주셔서 주님의 뜻대로 걸어가고, 행하고, 존재하게 하시는 분입니다. 주님께 감사를 올려드립니다.

서문

저는 푸에르토리코의 마나띠Manati라는 도시에서 아버지 호세 루이스 미란다 아빌레스와 어머니 엘바 이리스 끄루즈 레예스 슬하의 딸 넷 중 셋째 딸로 태어났습니다.

저는 문화생활에 그치는 종교활동과 미신이 심한 가정에서 자랐습니다. 하지만 제 성장에 영향을 미친 것은 이 둘 뿐이 아니었습니다. 섬 마을 한 사람 한 사람의 일을 전체 마을 사람이 다 알고 있는, 말 그대로 이웃사촌입니다. 그 말인 즉, 이웃으로부터 교회 오라는 말을 들으면 가기 싫어도 이웃 사이를 생각해서 어느 정도 맞춰 줄 수 밖에 없는 정도란 말이죠. 저희에게도 교회 오라는 이웃이 여러 있었는데 그 중에 한 집은 나이 많은 언니, 오빠가 사는 집이었습니다. 그 집 오빠는 나사렛 교단에 소속된 교회에서 사역하는 젊은 목사였고 언니는 오순절 계열의 교회에 나가고 있었습니다. 둘 다 교회에 열심히 다니는 사람이었습니다.

우리가 '리치'라고 부르며 좋아했던 그 언니는 산후안푸에르토리코의 수도에 있는 신학교에서 선교 훈련도 받고 있었습니다. 리치 언니가 저를 교회학교와 영적 성장의 길로 이끌어 주었습니다. 언니 교회에 가보니 이상한 곳 같았지만 묘하게 이끌렸어요!

여러 종교와 미신이 뒤섞인 집 분위기가 제게 나쁜 영
향을 주지 않았을까 생각하실 수도 있겠지만 오히려 정반
대였습니다. 하나님과 성경에 호기심이 생겨 이것저것 묻
기 시작했습니다. 아무것도 믿지 않는 사람은 이 세상에 없
다고 생각합니다. 어렸지만 우리가 지음받은 존재라면 지
으신 이가 분명 존재한다고 생각했고, 작품에는 항상 작가
의 서명이 있다고 믿었습니다.

저처럼 일반 사람들도 누군가에게 혹은 무언가에 속해
있다는 생각을 합니다. 제가 알지 못하는 그 '무언가'를 알
고 싶다는 호기심이 발동했습니다. 하나님이라는 분과 아
는 사이는 아니지만 그분이 어떤 분인지 무척 알고 싶었습
니다. 그런 저에게 교회학교는 성경 이야기를 배울 수 있는
곳이었고 마치면 맛있는 간식도 주는 곳이어서 금방 매료
될 수밖에 없었습니다.

나중에는 이 교회 저 교회 다니던 걸 그만하고 열광적
으로 춤을 추며 큰 소리로 찬양하는 리치 언니 교회에만 나
갔습니다. 교회에 처음으로 재미를 들인 게 성경 연극이었
는지 아니면 교회학교를 마치고 먹었던 간식이었는지는 확
실히 기억 나지 않습니다.

우리 자매들은 부모님께 교회에 같이 가자는 말씀을 자주 드렸지만, 부모님은 어떤 교회도 가지 않으려 했습니다. 하지만 두 분 모두 우리 자매들이 교회 나가는 걸 반대하거나 오순절 교단에서 하나님을 알아가는 걸 막으신 적은 없었습니다.

성장하면서 제가 보아온 종교들 사이에 차이점이 어느 순간 눈에 보이기 시작했습니다. 가톨릭의 성자를 숭배하거나 미신을 섬기는 행위를 '산떼리아'라고 하는데 어느 순간부터 산떼리아를 할 때마다 섬뜩하고 혼란스러워 이것이 나쁘다는 생각이 들기 시작했습니다. 그 이후 하나님은 제 꿈과 환상에 나타나 주셨고, 산떼리아에서 느꼈던 기분과는 정반대의 평안과 확신이 생겼습니다. 이내 저는 스스로 성경을 읽기 시작했습니다. 구약에 나온 이야기를 신나게 읽으면서 감명을 받았고, 하나님과 하나님의 아들이신 예수님을 더 알고 싶은 갈망이 생겼습니다. '부모님도 우리와 같이 교회에 나가게 해주세요'라는 기도를 시작했을 때 저는 한창 귀여운 여덟 살 꼬마였습니다.

아버지는 경찰서 마약단속반 형사로 집 밖에서 거의 살다시피 하셨고, 어머니는 하루 종일 일터에 나가셨습니다. 우리 네 자매는 보모나 친척 손에 맡겨진 채 부모님 중 한 분이 퇴근할 때만을 기다렸습니다. 저는 어머니가 일터로 나가시는 게 우리 자매를 뒷바라지하기 위해서라는 걸 알고 있었지만, 동네 아이들이 지내는 모습과 비교하면 약이 올랐습니다.

특히 부모님이 아닌 다른 사람이 저를 훈계하는 게 정말 싫었습니다. 이웃과 친척, 선생님과 수녀님, 심지어 언니, 동생한테도 맞았습니다. 저는 부모님이 정한 규율 밑에서는 착하게 행동하는 아이였으나, 부모님 외에 다른 사람들의 규율은 제각각이어서 이 사람 저 사람 모두에게 혼나는 일이 많았던 것입니다. 이 때문에 저는 무척 혼란스러웠습니다.

그러던 어느날 어머니께서 드디어 예수님을 믿고 우리 자매들과 함께 교회에 나가게 되었습니다. 그러나 아버지는 교회나 하나님과의 그 어떤 교제도 탐탁치 않게 생각하셨습니다. 아버지도 우리랑 같이 교회에 나가게 해달라고 하나님께 떼쓰며 기도했던 기억이 납니다. 일요일이면 우리 자매들은 이웃의 손에 이끌려 교회에 오는 반면, 다른 아이들은 부모님과 함께 교회에 오니 정말 속상했습니다.

여기서 잠깐 제 어린 시절 푸에르토리코에서 볼 수 있는 주일 아침 풍경을 말씀드리겠습니다. 그 시절 주일에는 모든 상점이 문을 닫았고 갈 수 있는 데라고는 교회 뿐이었습니다. 이른 아침, 성당 종소리가 알람시계처럼 울리면 우리 자매들은 교회 갈 채비를 합니다. 걸어서 교회에 가던 시절이라 주일 아침 9시가 되면 집집마다 말끔히 차려 입은 일가족이 나와 손에 손을 잡고 교회로 출발합니다.

제 기억으로 제가 일곱 살이나 여덟 살이었을 때 리치 언니가 아버지께 성경책을 건네며, "읽으시고 아저씨의 필요가 채워지길 바라요."라고 말했습니다. 아버지의 회심 이야기가 여기서 시작됩니다.

성경책을 받으신 지 3주쯤 되었을까요, 어머니와 우리 자매가 교회로 나서고 있는데 아버지께서 이렇게 말씀하셨습니다. "나도 교회에 가련다." 아버지 마음이 바뀔까 우려한 어머니는, 우리 자매들에게 아버지에게 아무것도 여쭈지 말고, 말씀드리지도 말라고 단단히 일러두셨습니다. 평소 동네 아이들이 부모님과 함께 교회 오는 모습을 보며 질투했던 저였기에, 그날 아침의 기억은 아직도 생생히 남아 있습니다. 그날 저는 부모님과 함께 교회에 가고 있었습니다. 나도 드디어 교회 가족 순모임에 들어갈 수 있다니!

마치 드라마의 한 장면 같았습니다. 우리 가족은 조용히 교회로 걸어갔고 아버지가 우리와 함께 온 걸 본 교회 사람들은 모두 놀랐습니다. 아버지가 그 자리에 왔다는 사실만으로 기뻐했고, 친절하게 다가와주었습니다.

목사님이 예배 시간에 그리스도를 나의 구주로 영접하고자 하는 사람은 앞으로 나오라고 말하자 성도들은 예수님을 위해 살리라 선언하러 앞에 나왔습니다.

놀라운 것은 그 맨 앞에 아버지가 서 계셨습니다. 우리는 아버지를 발견하자마자 약속이나 한 듯 벌떡 일어섰고 결단을 내린 아버지에게 환호했습니다. 우리 가족 뒤에서는 성도들이 그 모습을 보며 기쁨의 눈물과 웃음을 동시에 터뜨렸습니다. 그리고 달려와 아버지를 안아주었습니다.

성도들이 아버지의 구원 문제에 그렇게나 신경 쓰고 있다는 사실이 제게는 신나면서도 신기했습니다. 교회 사람들은 아버지가 교회 식구가 되었다는 사실 하나만으로 기뻐했습니다. 강렬한 기억은 잊히기 힘들다고 하는데, 제 마음 속에는 아버지가 처음으로 교회에 발을 들이신 기억이 선명하게 새겨져 있습니다.

당시 제가 다니던 교회가 건물 골격을 짓던 중이라 벽이 없어서, 교회 부지에서 야외 예배로 드렸습니다. 짭쪼름한 바다내음과 눈부시게 쨍쨍한 햇살이 생생합니다. 얼마나 경사로웠는지요! 여기까지 제가 푸에르토리코에서 자랄 때의 즐거웠던 추억이었습니다.

시간이 지나서 들은 바로는 아버지가 하나님께 도전장을 내밀었다고 합니다.

"당신이 정말 있다면 그리고 제가 당신을 믿길 정말로 원하신다면 다른 사람이 저보고 이래라저래라 하는 건 싫습니다. 제가 성경 전체를 읽을테니 당신은 이 성경을 통해 절 납득시켜 보시지요."

그러다가 성경을 다 읽은 후에는 침대 옆에 무릎 꿇고 주님께 온 맘을 올려드렸다고 합니다. 그렇게 주일 아침이 되기 전까지 하나님께로 전적으로 돌아선 사실을 아무에게도 말하지 않으셨던 것입니다.

하나님께로 돌아선 후 아버지는 성경 공부반에 참석하셨고 나중에는 하나님께서 주의 종으로 부르시는 것 같다고 하시면서 목회를 준비하셨습니다. 아버지는 미국 코넥티컷 주의 브릿지포트로 첫 부임을 하시고 히스패닉 성도를 목양하게 되셨습니다. 제가 그리스도인으로 빚어지는 데 중요한 시간을 레럴 가에 있는 그 교회에서 보냈고, 그 시간은 맘 속에 영원히 기억될 것입니다. 코넥티컷에서의 사역 후에도 아버지는 2013년 4월 14일 일흔 나이에 폐 질환으로 소천하시기 전까지 푸에르토리코에 있는 교회 두 곳에서 목회를 계속하셨습니다.

이 밖에도 신앙 성장과 투병이라는 여정에 영향을 준 이야기들이 더 있지만 차차 다루도록 하겠습니다. 다만 아버지의 회심이 제 인생에 있어 토대가 되는 중요한 사건이라 말씀드리고 싶습니다. 의심의 여지없이 아버지의 회심은 제 인생의 전환점이자 신앙의 원동력입니다. 하지만 제 인생에 가장 크게 영향을 끼친 사건들은 그 이후, 특히 발병 이후 일어났습니다. 건강 문제에 부딪히면서 제가 알고 있던 것들이 뒤집히거나 바뀌게 되었습니다.

아버지의 죽음에 이어 저의 투병을 기점으로 이제껏 알고 믿었던 게 사소한 일이 되었습니다. 마흔여섯에 치료를 받아도 살 가망이 거의 없다는 진단을 받고 심장을 여는 수술을 위해 준비실에 있을 때에는 더욱 그러했습니다. 그 전까지만 해도 저는 강하고 요동하지 않는 신앙의 소유자였습니다. 그러나 예고도 없이 찾아온 병으로 신앙과 신뢰, 치유에 대한 믿음이 흔들렸습니다. 다리가 후들후들 떨리고 속이 메슥거릴 정도로 의심과 질문에 압도된 제 자신을 발견하게 되었습니다.

아프기 전에는 영원eternity을 말할 때 시적으로 말했습니다. 영원에 대한 내용을 담은 노래를 부르며 영원은 어떤 모습일지 확신하는 게 있었습니다. 그러나 아프고 나서는 제 인생과 신앙이 어디에 닻을 메고 있는지 한 발짝 물러서서 심각하게 생각하게 되었습니다. 마음 한 켠에서는 하나님에 대한 믿음이 더 견고해져서 하나님을 그 전보다 더 잘알리라 마음먹었습니다. 하지만 다른 켠으로는 선하시고 긍휼하신 하나님께서, 그의 자녀의 삶 속에 어떻게 고난과 고통을 허락하실 수가 있는지 복잡한 마음으로 괴로웠습니다. 하나님과 씨름하고 내 감정과 씨름하며 좀처럼 하나님과 대화를 이어나가기 힘든 시간이었습니다.

이 고난의 계절은 저와 하나님 사이를 다른 곳으로 안내했습니다. 저는 그분의 음성에 귀 기울이는 법과 제 인생에 이런 일이 일어나게 허락하신 하나님의 동기를 이해하는 법을 배우게 되었습니다. 그리고 저의 여정은 여전히 진행형입니다.

이 책을 통해 제가 고난 중에 터득한 소통의 깊은 비결을 배우시면 좋겠습니다. 저는 고난을 잘 통과하는 모습으로 하나님께 영광 돌리기 원했고, 그런 제 자신이 되기 위해 스스로에게 힘을 복돋아 주었습니다. 그렇게 할 수 있었던 비결은 하나님과의 소통, 사람과의 소통, 확고한 신념, 긍정성, 사명감, 세상과의 소통, 꿈이었습니다.

이 책은 당신이 부요해지거나 나음을 입거나 심지어 고난에서 건짐 받을거라고 약속하지 않습니다. 당신이 슬픔의 계절을 지날 때 훨씬 더 고난 당하신 구원자가 당신 옆에 계신다는 사실을 보여주기 위해 글을 썼습니다. 만약 당신이 한창 고난을 당하는 중이라 해도 제가 직접 맛본 평안과 기쁨을 이 책 곳곳에서 찾아보실 수 있을 것입니다.

고난을 허락하신 하나님은 우리의 고통을 짊어지신 채 우리에게 힘과 목적을 주실 수 있습니다. 이 사실을 발견한다면 이 책은 그나마 역할을 다한 것이 아닐까 생각합니다. 그렇기에 "체이싱 라이프"Chasing Life라는 제목은 고통 속에서 생명의 힘을 따라가는 삶이라는 의미를 담고 있습니다. 그 여정에 당신을 초대합니다.

푸에르토리코 퀘브라딜라, 2013

모든 간구자 중 가장 거룩하신 이가 겟세마네 동산에서 자
신이 받아야 하는 잔이 지나가게 해달라고 세 번 간구하셨
다. 그러나 그 잔은 지나가지 않았다.

C. S. 루이스 (C.S. Lewis)

겟세마네 동산에서

그리스도인 된 우리는 성경을 읽으면서 부활하신 그리스도에게 환호하는 반면, 고난 중에 계신 그리스도는 간과하는 경향이 있습니다. 십자가에 달리신 그리스도를 보면 그가 사역의 결실을 향해 달려가는, 굳은 심지를 가진 메시아임을 알 수 있습니다. 겟세마네 동산에 계실 그 시점, 예수님께서는 이제 뒤돌아갈 수 없는 상황에 계셨습니다. 예수님은 굳은 결심으로 목표를 바라보셨고 그 목표를 흠 없이 이루셨습니다. 우리의 메시아가 처참하게 고난 당한 곳은 십자가였지만 고뇌했던 곳은 자신을 십자가에 못 박은 로마인의 손에서가 아니요, 거짓 참소자나 빌라도의 손에서도 아니었습니다. 본격적인 고난은 전날 밤 늦은 시각, 겟세마네 동산에서였습니다. 성경에 고난 중에 계신 그리스도를 보여주는 여러 대목이 있지만, 마태복음 26장 39절은 그리스도가 가장 격동하고 고뇌했던 순간을 기록합니다.

> 조금 나아가사 얼굴을 땅에 대시고 엎드려 기도하여
> 이르시되 내 아버지여 만일 할 만하시거든 이 잔을
> 내게서 지나가게 하옵소서 그러나 나의 원대로 마시
> 옵고 아버지의 원대로 하옵소서 하시고 – 마 26:39

사복음서를 보면 예수님은 제자들을 모험과 같은 일생에 초대하셨습니다. 제자들은 자기들이 고대해왔던 메시아가 자기 옆에 계신 예수님이라는 사실에 환호했습니다. 그들은 치유와 기적을 매일 목도하였고, 사람들을 휘어잡는 위인이 자기들 앞에 있음을 보며 경탄하는 걸 멈출 수가 없었습니다. 예수님은 그런 제자들을 따뜻하게 품어주고 존중해주셨습니다. 예수님의 가르침은 영원하고 예수님의 말씀은 마치 의사가 잘 처방해서 효험이 백방인 약과 같았습니다! 이분은 정말 차원이 다른 분이었습니다! 예수님은 높은 경륜에 전율과 탄성을 자아내는 분이자 인간의 몸으로 오신 하나님이었습니다. 그렇게 제자들의 환호가 절정에 다다랐을 때, 예수님께서 제자들에게 단도직입적으로 말씀을 하십니다. "나는 죽임당할거란다." 제자들은 반문합니다. "잠시만요, 뭐라구요?", "방금 뭐라고 말씀하신거야?", "죽임당하신다니?" 혁명을 기다리며 꿈과 희망에 부풀었던 제자들은 이 한 마디에 절망하고 말았습니다. 그들은 지난 삼 년동안 예수님을 따르면서 제자로서 훈련 받고 사역에 헌신했었는데, 예수님의 말에 앞길이 캄캄해졌습니다. 제자들은 이렇게 수군거렸을 것 같습니다.

"예수님이 죽게 되면 우리도 이제 끝나는 건가?"

그러나 우리가 이미 알고 있듯 예수님은 골고다에서 어떤 일이 일어날지 알고 있었습니다. 예수님의 제자 훈련은 이제 마지막 한 코스만을 남기고 있었습니다. 예수님의 죽음은 제자 훈련과 치유 · 회복 사역, 구속 사역의 절정이자 그가 이 땅에 오신 이유였습니다. 구속 사역의 길 끝에 험한 십자가가 기다리고 있다는 사실을 알면서도 사람들에게 말씀 전하고 가르치며 멘토가 되어주신 예수님의 모습이 상상 되시나요? 상식적으로, 제자들이 받은 충격은 상상이 가는 반면, 예수님이 잡히시고 죽음 당하기 전 몇 시간 동안 어떤 심정이셨을지는 상상이 되지 않습니다.

여기서 잠깐 우리가 짚고 넘어가야 할 것은, 예수님은 하나님이셨지만 동시에 인간이기도 하셨습니다. 예수님이 불안해 하셨을까요? 사복음서에 묘사된 그리스도의 고난이 진실이라면, 예수님께서는 자신에게 닥칠 일을 생각하며 고통스러워하고 고뇌하는 참 인간이셨습니다. 그 몇 시간 동안 하나님의 임재 속에서 예수님은 고통과 눈물, 깊은 격동을 표출하셨습니다. 턱밑까지 쫓아온 죽음을 느끼신 예수님의 모습에서 참 인간으로서의 모습이 더 도드라져 보입니다.

땀방울이 마치 핏방울처럼 되신 인간 예수님이 이렇게 울부짖습니다. "내 아버지여 만일 할 만하시거든 이 잔을 내게서 지나가게 하옵소서." 하지만 동시에 하나님이신 예수님이 이렇게 나지막이 말씀합니다. "그러나 나의 원대로 마시옵고 아버지의 원대로 하옵소서." 자기를 비운 순종을 제자들에게 몸소 보여주신 예수님! 그 모습을 마가복음 14장 32~42절은 이렇게 기록합니다.

그들은 겟세마네라 하는 곳에 이르매 예수께서 제자들에게 이르시되 내가 기도할 동안에 너희는 여기 앉아 있으라 하시고 베드로와 야고보와 요한을 데리고 가실새 심히 놀라시며 슬퍼하사 말씀하시되 내 마음이 심히 고민하여 죽게 되었으니 너희는 여기 머물러 깨어 있으라 하시고 조금 나아가사 땅에 엎드리어 될 수 있는 대로 이때가 자기에게서 지나가기를 구하여 이르시되 아빠 아버지여 아버지께는 모든 것이 가능하오니 이 잔을 내게서 옮기시옵소서 그러나 나의 원대로 마시옵고 아버지의 원대로 하옵소서 하시고 돌아오사 제자들이 자는 것을 보시고 베드로에게 말씀하시되 시몬아 자느냐 네가 한 시간도 깨어 있을 수 없더냐 시험에 들지 않게 깨어 있어 기도하라 마음에는 원이로되 육신이 약하도다 하시고 다시 나아가 동일한 말씀으로 기도하시고 다시 오사 보신즉 그들이 자니 이는 그들의 눈이 심히 피곤함이라 그들이 예수께 무엇으로 대답할 줄을 알지 못하더라 세 번째 오사 그들에게 이르시되 이제는 자고 쉬라 그만 되었다 때가 왔도다 보라 인자가 죄

인의 손에 팔리느니라 일어나라 함께 가자 보라 나

를 파는 자가 가까이 왔느니라 – 막 14:32~42

친구의 배신, 피할 수 없는 고문과 조롱, 배반, 그리고 불과 며칠 전까지만 해도 "호산나" 외치던 무리에게 당할 수난을 생각하며 슬픔에 사무친 메시아의 모습이 보입니다. 이사야서 53장 3절을 보면 이 모든 고난이 잘 묘사되어 있습니다.

그는 멸시를 받아 사람들에게 버림받았으며 간고를

많이 겪었으며 질고를 아는 자라 마치 사람들이 그

에게서 얼굴을 가리는 것같이 멸시를 당하였고 우리

도 그를 귀히 여기지 아니하였도다 – 사 53:3

우리가 겪는 슬픔을 우리의 구원자도 겪으셨다니 상상이 잘 안 가지요? 이 땅에 오신 메시아의 모습은 고통과 고난에 익숙한 우리네 모습과 같습니다. 고난 받는 메시아의 모습보다 더 강력하고 충격적인 사실이 어디 있겠습니까? 예수님은 고통과 애통을 대하는 자신의 모습을 우리에게 보여주십니다. 내 것을 꼬옥 쥐고 놓지 않던 손을 억지로 펴서 내려놓는 법을 몸소 가르쳐 주신 것입니다. 유대인은 고난 받는 구원자가 자신들이 생각했던 메시아의 모습과 달라서 예수님을 거부하였습니다. 그래서 바울은 회당에서 메시아가 반드시 고난 당해야 했음을 설교했습니다.^{행 3:18,} ^{17:3, 26:23} 바울이 십자가에 대해 설교하며 "유대인에게는 거리끼는 것이요"라고 말한 이유입니다.^{고전 1:23} 유대인이 예수님을 거리끼게 생각했던 이유 중 하나가 '나무에 달린 자'는 하나님께 저주받은 자라는 구약의 법 때문입니다. 그러나 우리에게는 땀방울을 핏방울같이 흘리신 그리스도의 모습이 강렬하고 깊은 감동으로 다가옵니다. 이를 보며 "저도 예수님처럼 고통스러워요!", "제가 그 잔을 마실게요." 라고 자신 있게 말한다면 예수님은 이렇게 대답하실 겁니다. "내 잔이 아닌 네 잔을 마시려무나."

네가 이 잔을 마실 수 있느냐?

예수님께서 겟세마네 동산에 올라가시기 며칠 전, 세베대의 아들의 어머니가 예수님께 찾아와 복을 달라고 요청합니다. 예수님께서 왕좌에 앉게 되시는 날 예수님 양 편에

아일랜드 슬레인의 언덕, 2017

두 아들이 앉게 해달라고 합니다. 여기서 정말 흥미로운 점은, 예수님의 반응이 꾸짖음이 아니라는 것입니다. 예수님은 자기 가정의 복을 구하는 어머니를 책망하지 않으셨습니다. 그렇다고 요청을 들어주겠다는 약속도 하지 않으셨습니다.

대신 두 제자에게 이렇게 물으십니다. "내가 마시는 잔을 너희가 마실 수 있겠느냐?" 그러자 그들은 신이 나서 우렁찬 목소리로 즉각 대답합니다. "네!" 예수님께서는 "진실로 내 잔을 너희가 마시리로다."라고 대답하셨지만 그 말엔 뭔지 모를 역설이 담겨 있습니다. 우리는 예수님께서 고난 받으셨다는 사실과 제자들이 인생을 어떻게 마감했는지 역사를 통해 알고 있습니다. 예수님이 하나님 아버지께 지나가게 해달라고 간구했던 그 잔과 동일한 잔을 제자들은 마셨습니다.

한편 이 대목에서 우리는 세베대의 두 아들이나 그 어머니를 속단하지 말아야 합니다. 사실 현대 기독교 신앙에서도 하나님께 이와 동일한 기도를 드리고 있습니다. 우리는 이렇게 부르짖죠. "예수님, 제게 복을 주지 않으실 건가요?", "예수님, 승진만 하게 해주세요.", "하나님 아버지,

제발 저를 고쳐주세요!" 세베대 아들의 어머니처럼 우리도 그리스도께 부와 복을 구합니다. 이런 기도가 나쁘다는 말이 아닙니다. 우리에게도 그리스도께서 동일하게 대답하십니다. "내가 마시려는 잔을 너희가 마실 수 있느냐?" 광야와 고독, 고통, 그리고 고난의 계절에 우리는 어떻게 반응할 건가요?

우리 각자가 겟세마네 동산에 있게 될 날이 언젠가 온다는 사실은 예수 그리스도께서 요한복음 16장 33절에 하신 말씀을 보아도 알 수 있습니다.

> 이것을 너희에게 이르는 것은 너희로 내 안에서 평안
> 을 누리게 하려 함이라 세상에서는 너희가 환난을 당
> 하나 담대하라 내가 세상을 이기었노라 – 요 16:33

애석하게도 저는 고난에 부딪히고 나서야 제가 온전치 못한 존재라는 점과 고난의 여정에 전혀 준비되지 않았다는 점을 깨달았습니다. 현대 기독교는 구원자인 예수님을 따라가면 치유와 물질, 영향력, 그리고 복된 삶이 따라온다고 가르치는 경향이 있습니다. 물론 하늘로부터 오는 복

이 있지만 그렇다고 해서 그리스도인의 삶에 고난이 없는 것은 아닙니다. 제 생각에 우리는 고난의 잔을 마실 준비가 별로 되어 있지 않은 것 같습니다. 고난의 잔은 각 사람에게 마련되어 있습니다. 각자가 겪는 고난의 모습은 달라도 고난은 기어이 찾아오기 때문에 우리는 고난의 때를 잘 준비해야 합니다.

숨바꼭질

그렇다면 우리는 어떻게 하면 고통과 고난 중에서도 하나님을 섬길 수 있게 될까요? 어떤 사람이 무신론자 버트런드 러셀Bertrand Russell에게 이런 질문을 했습니다.

"만일 하나님이 정말 존재해서, 인생 끝에 하나님을 만나게 된다면, 그 하나님께 뭐라 말할거냐?"

그의 대답은 이러했습니다.

"저는 이렇게 묻겠습니다. '뭐 그렇게 애쓰면서까지 숨으셨나요?'" [01]

여러분도 이런 생각을 해본 적 있나요? 저는 그런 생각

---

01 McWilson R. *"The Hiddeness of God."* God and Logic. http://god-and-logic.blogspot.com/2010/03/hiddenness-of-god.html.

을 한 적이 있습니다.

'나는 고난 중에 있는데 하나님은 어디로 숨어버리셨나요? 아버지가 끝내 돌아가셨다는 소식이 들렸을 때 하나님은 어디에 계셨나요? 의사로부터 내가 나을 수 없다는 말을 들어야 했을 때 하나님은 어디에 계셨던가요?'

마음 한 켠에는 전능하시고 사랑이 많으신 하나님을 향한 사랑과 헌신이 솟구치지만, 다른 한 켠에서는 하나님에 대한 대실망과 혼란이 돌풍을 일으켜 내 자신을 벙어리로 만들어 버렸습니다. 당신도 이런 내적 갈등을 어떻게 봉합해야 할지 몰라 골치 아팠던 경험이 있을 겁니다.

우리는 고난과 상처를 받으면, 그동안 하나님께서 우리와 어떻게 함께 해오셨는지 잊을 때가 많습니다. 견딜 수 없을 만큼 고난이 혹독해지면 우리는 눈이 멀고 기억을 잃습니다. 정신차리지 않으면 "하나님 어디에 계세요? 왜 제게서 숨어버리셨나요?"하면서 불평하게 됩니다. 이는 사탄에게 우리의 심령을 쑥대밭으로 만들도록 문을 열어 주는 격이 됩니다.

욥기 1장 1절에 극한 고난을 마주한 사람 욥이 나옵니다. 성경은 욥에 대해 "그 사람은 온전하고 정직하여…"라고 묘사합니다. 하지만 욥기 1장 13~20절을 읽어 내려가면 어두운 이야기가 펼쳐집니다.

하루는 욥의 자녀들이 그 맏아들의 집에서 음식을 먹으며 포도주를 마실 때에 사환이 욥에게 와서 아뢰되 소는 밭을 갈고 나귀는 그 곁에서 풀을 먹는데 스바 사람이 갑자기 이르러 그것들을 빼앗고 칼로 종들을 죽였나이다 나만 홀로 피하였으므로 주인께 아뢰러 왔나이다 그가 아직 말하는 동안에 또 한 사람이 와서 아뢰되 하나님의 불이 하늘에서 떨어져서 양과 종들을 살라 버렸나이다 나만 홀로 피하였으므로 주인께 아뢰러 왔나이다 그가 아직 말하는 동안에 또 한사람이 와서 아뢰되 갈대아 사람이 세 무리를 지어 갑자기 낙타에게 달려들어 그것을 빼앗으며 칼로 종들을 죽였나이다 나만 홀로 피하였으므로 주인께 아뢰러 왔나이다 그가 아직 말하는 동안에 또 한 사람이 와서 아뢰되 주인의 자녀들이 그들의 맏아들의 집에서 음식을 먹으며 포도주를 마시는데 거친 들에서 큰 바람이 와서 집 네 모퉁이를 치매 그

청년들 위에 무너지므로 그들이 죽었나이다 나만 홀로 피하였으므로 주인께 아뢰러 왔나이다 한지라 욥이 일어나 겉옷을 찢고 머리털을 밀고 땅에 엎드려 예배하며 – 욥 1:13~20

단언컨대 이쯤되면 하나님께 예배드릴 마음이 하나도 생기지 않을 겁니다. 보통 사람이라면 하나님으로부터 멀리 도망가려 할테지만, 욥은 땅에 엎드려 하나님께 예배하는 것을 선택합니다.

욥을 보면 겟세마네 동산에서 하나님 아버지께 간구하던 예수님을 생각나게 합니다. 예수님도 땅에 엎드려 아버지께 기도했습니다. 고난을 피해 도망쳐버리고 싶은 긴장의 순간에 예수님도 욥도 자신의 고통과 슬픔을 끌어안습니다. 안락한 산꼭대기에서 고난의 험곡으로 옮기시는 이가 만물의 근원이신 분임을 알았던 그들은, 하나님만을 전적으로 의지하여 내면의 강함을 얻었습니다. 강해진 내면을 통해 인간의 연약함을 꺾고 고난을 끌어안을 수 있었습니다.

예수님과 욥 모두 살과 뼈에 에이는 차가운 밤 공기 속에서 거친 숨을 내쉬며, 땅바닥에 엎드려 울었습니다. 그렇지만 더 잔인한 사실은 깊은 슬픔이 이제 시작일 뿐이라는 겁니다.

슬픔에 직면하는 자리를 지키는 건 쉬운 일이 아닙니다. 그 자리는 우리가 진정 누구인지 알 수 있는 자리입니다. 고통스럽고 절박한 순간이야말로 내 안에 뭐가 있는지, 내 행동의 동기가 무엇인지, 내 신앙이 어디에 뿌리를 두었는지 알 수 있게 해줍니다. 이때 당신은 슬픔을 내 존재의 근원되시는 분께 쏟아놓습니까? 고독, 두려움, 고통, 분노, 낙심을 없앨 방법을 찾아다니면서도 깊은 슬픔이라는 감정에 굴하지는 않습니까? 극심한 슬픔과 고통에 빠진 욥이 하나님께 울부짖는 모습을 보면 특이한 사실을 깨닫게 됩니다.

> 내가 모태에서 알몸으로 나왔사온즉 또한 알몸이 그리로 돌아가올지라 주신 이도 여호와시요 거두신 이도 여호와시오니 여호와의 이름이 찬송을 받으실지니이다 – 욥 1:21

깊은 슬픔을 맛본 사람만이 이 말씀을 이해할 수 있습니다. 슬픈 중에도 하나님을 찬양할 수 있었던 비결은 복의 근원되신 분께로 나아가는 것입니다. 그래서 욥기 1장 22절에 이렇게 기록되어 있습니다.

> 이 모든 일에 욥이 범죄하지 아니하고 하나님을 향하여 원망하지 아니하니라 – 욥 1:22

욥은 자신에게 닥친 비극에 대해 남을 탓하거나 하나님을 향한 원망을 할 수도 있었습니다. 그러나 그렇게 하지 않고 고난의 잔을 마셨으며, 자신의 슬픔과 상관없이 그 잔을 들이켰습니다. 모두 들이켰습니다.

푸에토리코 비에케스섬. 2011

2장

변화

변화는 삶의 법칙이다. 과거와 현재만 보면
반드시 미래를 놓치리라.

존 F. 케네디 (John F. Kennedy)

변화를 위한 준비

멋진 남편에 듬직한 두 아들, 제 인생은 이대로 잘 흘러갈 것 같았습니다. 좋은 직장과 좋은 친구에 순탄한 사역, 마치 하나님께서 우리 가정의 행복을 허락해주시며 미소 짓는 것만 같았습니다. 주위 사람들에게 선한 영향력을 미치며 안락한 삶을 살던 우리 부부에게 하나님은 새로운 모험에 도전하라는 사명을 주셨습니다. 우리는 이에 몸과 마음을 다해 순종했고 그리하여 아반떼 인터내셔널Abante International을 설립했습니다. 이 기관은 대학생들에게 제자도 및 리더십 훈련을 가르치기 위해 9개월 동안 해외를 돌아다니며 수업과 실습을 병행하는 프로그램을 운영합니다.

우리 부부는 하나님께서 앞장서 가시는 대로 열정을 다해 따랐습니다.

마침내 우리는 하던 일을 그만두고, 집과 차를 팔아 두 아들과 훈련생들을 데리고 세계를 누비는 사역을 시작했습니다. 세계로 선교여행을 다니며 학생들에게 제자 훈련과 리더십 훈련을 했습니다. 훈련생들은 아침 아홉 시부터 오후 다섯 시까지 사역지에서 일하며 전공 경험을 쌓았습니다. 실습과 봉사를 통해 선한 영향력을 미치는 모습을 보니 뿌듯했습니다.

아반떼 사역을 칠 년 동안 하면서 졸업생들의 좋은 소식을 들을 수 있었습니다. '세계적으로 하나님 나라를 확장하는 데 선한 영향력을 끼치고 있구나, 우리가 한 게 아니라 하나님께서 인도하고 계시는구나' 이렇게 생각하며 감사했습니다. 쉽지만은 않았습니다. 이 사역을 시작하고 확장하는 게 쉽다고 생각할 만큼 세상 물정을 모르지 않았습니다. 수고와 희생의 자리라는 걸 알고 뛰어들었습니다. 허나 사역 확장에 이렇게 오랜 시간이 걸릴 줄은, 이 길이 많이 외로운 길이 될 줄은 생각해보지 못했습니다. 가끔 우리의 감정은 요동치는 롤러코스터를 타는 듯했습니다. 한 해가 지나갈 때마다 제 건강 문제를 포함해 고군분투할 일이 많았습니다. 이 일을 하면서 생사를 넘나들 만큼 아팠던 적이 있습니다. 이전엔 상상도 못할 일이었죠.

남편은 영적 건강 못지 않게 신체 건강도 중요하게 생각합니다. 그래서 훈련 필수 코스로 운동 시간을 넣었고 선교기간 동안 매일 아침 조깅을 포함한 일련의 운동을 함께 합니다. 아반떼 팀이 삼 개월 일정으로 푸에르토리코에서 사역을 할 때였습니다. 아침에 팀원들과 두 마일약 3.2km 밖에 되지 않는 거리를 조깅하고 있었습니다. 최선을 다해 팀원들을 챙기고 있었지만 솔직히 말해 몸이 몹시 힘들었습니다. 숨을 헐떡이며 두어 번 멈춰섰는데 정신이 아찔했습니다. 체력이 떨어지고 있다는 건 느꼈지만 이번에는 차원이 달랐습니다. 무언가 새로운 증상이 나타났습니다. 머리가 지끈거리고 왼쪽 손이 콕콕 찌르는 느낌이 들었는데, 마치 전기가 위아래로 요동치는 듯 했습니다. 말로 표현 못할 만큼의 통증이 온 팔을 휘감다가 사라졌습니다. 느낌이 이상했지만 그저 '컨디션이 안 좋나보다' 하고 넘겨버렸습니다. 뛰던 걸 멈추고 오늘 목표를 이루지 못했다는 실패감과 몸에서 일어나는 이상한 증상에 대한 걱정을 뒤로 하고 천천히 걸어서 운동을 마쳤습니다.

다음날 아침, 손이 조금 무감각해진 사실 빼고는 어제와 마찬가지였습니다. 늘 하던 아침 운동인데 시작한 지 십오 분만에 몸이 피곤해졌습니다. 무시하면 결국 지나가겠지 생각했지만 오산이었습니다. 운동과 식사 모두 의욕이 나지 않았습니다. 증상이 생기고 나서 며칠 동안 팀원들과 함께 운동하다 보면 따라갈 수 있으리라 생각했습니다. 저는 건강해지고 싶었고 더 열심히 운동하고 싶어서 자신을 더 밀어붙였습니다. 몸이 좀 좋아지는 것 같기도 했지만 체중은 불었다 빠졌다를 반복했습니다. 몸이 힘겹게 버티는 것 같았습니다. 이내 약을 많이 먹게 되었고 안정적이던 정서는 불안해지며 느려졌습니다. 몸 상태가 심각하구나라는 생각이 들었을 때는 이미 손 쓰기에 늦어버릴 정도로 건강이 좋지 않았습니다.

그동안 가족에게 탄수화물 함유량이 높고 몸에 좋지 않은 음식을 해 먹였던 시간을 생각하니 제 자신이 원망스러웠습니다. 결정을 내려야 할 때 스스로 선택하고 그 결과에 직면해서는 책임도 스스로가 져야하지 남 탓이나 환경 탓을 해서는 안되는 법입니다. 변명한다고 해도 형편이 나아지지 않는 시점이 찾아온 것입니다. 지금의 모습에 이르게 한 나의 선택을 받아들이기로 했습니다.

마흔여섯에 심장마비를 겪으리라고는 전혀 예상치 못했지만, 하나님께서 맡기신 성전을 잘 관리하지 못한 책임을 져야 할 사람은 누구도 아닌 나 자신이었습니다. 이 말이 병에 걸려도 싸다거나 하나님께서 징계하신다는 의미는 전혀 아닙니다. 어느 지점에서 잘못된 길을 가고 있었는지, 무엇이 아쉬운 부분이었는지 자각하는 것을 말합니다. 물은 엎질러졌고 유죄 판결을 받은 저는 깊은 생각의 시간을 보냈습니다.

몸의 이상 징후를 알고 컨디션이 보통 같지 않던 시간을 보내고 있던 어느 월요일 아침. 일어나서 포도를 가지러 부엌으로 갔습니다. 다시 방으로 돌아오는데 마치 1톤짜리 바위가 저를 덮치는 것 같았습니다. 숨을 쉬기 어려웠고 가슴이 갑갑해졌습니다. 몇 초 지나서 강도는 더 심해졌습니다. 심장마비라 생각하고 즉각 남편을 찾았습니다. "당장 병원 가요!" 그러고서 남편이 차를 가지러 오는 사이 샤워실로 뛰어들어가 씻고 머리 손질과 화장을 했습니다. '부시시할 바에야 차라리 죽고 만다.'는 말이 이럴 때를 일컫는 것이겠지요.(여성들은 공감할 겁니다!)

병원에 도착하자마자 간호사에게 제 증상을 말했습니다. 그러자 간호사는 손가락으로 병원 한 복판 로비를 가리켰습니다. 대기하라는 말이었지요. 증상이 고조되는 와중에도 한 시간을 기다렸어요. 저와 남편이 참지 못하고 지금 당장 진찰을 받아야겠다고 소리쳤습니다. 삼십 분을 더 기다리고 나서야 작은 공간으로 안내를 받았고, 또 삼십 분을 기다렸습니다. 기다리다 지쳐버린 저는 노트북을 꺼내 사역 일정을 체크했습니다. 속으로 생각했습니다.

'나를 아직 진찰하지 않는 걸 보면 그리 심한 병이 아닌 게 분명해.'

의료진이 저를 다른 곳으로 안내하러 왔을 때는 사역 일정 작업을 마쳤을 만큼 시간이 흘렀습니다. 접근 제한 구역으로 안내되어 들어갔더니 벌거벗은 환자들이 걸어다니며 빤히 쳐다보는 바람에 민망했습니다.

'가슴 통증이 심하다고 호소하는 환자를 이렇게 불편한 의자에 앉혀 놓다니! 이 병원은 분명 구조적으로 문제가 있어.'

이런 생각을 하며 문제에 대한 해결책을 세우기 시작했

습니다. 수퍼우먼 감 아닌가요?

마침내 일반적인 검사 몇 개를 받았습니다. 그때까지만 해도 의료진은 심장에서 이상을 발견하지 못했어요. 순환기내과 과장이 방으로 들어왔습니다. 제 증상을 듣더니 지금 즉시 관상동맥조영술을 해서 막힌 부분이 있는지 봐야겠다고 했습니다. 속으로 생각했습니다.

'드디어 제대로 하는구나!'

입원을 하기로 한 뒤에도 또 다른 방에서 입원 수속 절차를 처리할 사람을 기다려야 했습니다. 다음날 관상동맥조영술 검사실로 들어갔고 심장을 샅샅이 검사했습니다. 어찌나 유능한 의사였는지 15분밖에 지나지 않았는데 마스크를 벗고서 말했습니다.

"검사 다 했습니다. 보아야 할 걸 다 보았습니다."

"정말요? 이렇게 빨리요?"

"아이고, 관상동맥이 모두 막혀 있는데, 여기서 치료할 수 있는게 아니에요. 개복해서 심장에 우회 수술을 해야 합니다."

그 말을 남긴 채 의사는 검사실에서 나갔습니다. 차가운 검사실에 남겨진 저는 혼란스러웠고 방금 지나간 게 뭔

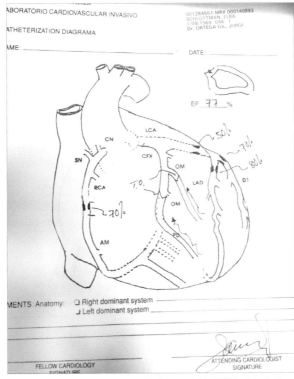

첫 번째 심장 우회 수술을 위한 드로잉

지 되물어 볼 뿐이었습니다.

'마흔여섯 밖에 안 되는데. 이럴 순 없어! 도대체 무슨 일이 어떻게 돌아가고 있는 거야? 이럴 수가!'

가끔 현실이 가장 원수 같을 때가 있습니다. 마치 가족 모임에 초대 받지도 않은 친척이 불쑥 들어오면 모두가 "누가 쟤 오라 그랬어?"라고 묻듯이, 현실이 불청객으로 찾아왔습니다.

전무후무한 혁명을 꿈꾸던 제자들에게 "내가 죽임을 당한다."고 말씀하신 예수님의 충격 발표와 흡사했습니다. 기존의 판국을 뒤집는 거죠! 병실 창문을 내다보며 상념에 빠져 있다가 불쑥 질문이 생겼습니다.

'다음은 뭐지?'

심장 수술 후 깨어나니 통증과 불편함, 혼미함이 저를 압도하며 달려들었습니다. 마취에서 깨고 나서 처음 본 충격적인 광경은 목 아래에 연결된 관이었습니다. 목 밖으로 관을 빼 보려 했지만 양손은 침대에 묶여 있었습니다. 마침내 누군가 들어와 관을 제거해주었습니다. 너무 일찍 깨어났던 거였죠! 영양관 제거에 이어서 배농관도 제거해주었습니다. 구토를 했습니다. 토할 때 압력이 수술톱이 지나간

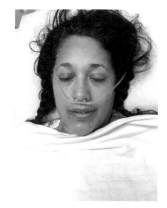
희미한 정신 가운데서도 살아있음을 느꼈다

지 얼마 안 된 가슴을 눌렀고 너무 아파 울부짖었습니다.

의료진이 저를 씻기고 나서 긴 의자 같이 생긴 작은 침대에 앉혔습니다. 가슴을 갈라 열어젖히고 나면 앉는 자세가 고통스럽고 누워도 별 소용이 없습니다. 그때 저는 약을 최대치로 주입받은 상태라 정신이 왔다 갔다 했는데, 오히려 그게 감사했습니다. 사람 얼굴이나 대화는 기억나지 않지만 어머니 목소리가 들렸던 것 같고 다른 사람들도 왔었던 것 같습니다. 남편이 얼굴에 입을 맞추며 사랑한다고 말해준 게 가장 선명히 기억납니다. 반응했는지 웃었는지 모

르겠지만 마음 속 깊이 사랑받고 있음을 느꼈습니다. 그이
의 얼굴을 보니 정말 잠깐이었지만 고통이 잊히는 것 같았
습니다.

가능한 빨리 회복하고 싶었던 저는 며칠 내에 병동 복
도를 걷게 되었습니다. 절 아시는 분은 제가 방 안에 가만
히 누워서 쉬는 걸 하루 이상 못한다는 사실도 알 겁니다.
어머니의 부축을 받아 걷기 시작하였고, 걷다가 다른 병실
을 지나가면서 환자들에게 "안녕하세요?" 인사도 하고 이
야기를 나누곤 했습니다. 금새 간호사들과 병동 환자들이
랑 친해졌습니다. 회복 경과가 좋아서 두 주도 안되 퇴원할
수 있었습니다.

퇴원 후 이 상태로 미국에 돌아가기 힘들다는 걸 알았
기에 푸에르토리코에 있는 어머니 집에서 회복하기로 했
습니다. 매일 약 5분에서 20분간 걸으며 걷는 시간을 늘
려갔습니다. 시작은 힘들었습니다. 심장 우회 수술을 받을
때 왼쪽 다리에 있는 정맥을 잘라 썼기 때문에 다리가 여
전히 아프고 걸을 힘이 나지 않았습니다. 첫 두 주 동안은
절뚝거렸지만 시간이 지나니 참을 만했습니다. 20분간 하
던 재활운동을 30분으로 늘렸고, 두 달도 되지 않아서 매

일 4마일약 6.4㎞을 걷게 되었습니다.

자신의 투지와 빠른 회복세를 보며 스스로 뿌듯해 했습니다. 솔직히 말해 푸에르토리코에서 절 치료한 의사 중 한 명의 덕이 컸습니다. 에블린 신뜨론은 푸에르토리코에서 어린 시절 저를 돌봐준 언니입니다. 제가 퇴원 후 진찰받으러 갔을 때 에블린이 한 말이 잊히지 않습니다.

"베바야, 내 말 들어봐. 너랑 같은 병을 앓은 환자를 내가 많이 알거든. 심혈관계 질환은 사실 우회 수술을 받고 난 후가 중요한데, 내가 본 환자 대부분이 우울증에 빠지고서 일 년도 못 버티더라구. 안타까운 현실이지. 하지만 네가 신앙인이라는 걸 알아. 그러니 믿음을 붙잡고서 절대 놓아버리지 마. 밝게 지내지 않으면 그 환자들처럼 되어버리니까."

제가 이 고난의 여정에서 받은 조언 중에 최고의 조언이 아닐까 싶습니다.

'믿음을 붙잡고서 절대 놓아버리지 마.'

힘겹게 병과 싸워야 할 저에게 꼭 필요한 말이었습니다. 하나님께서 저에게 하고 싶은 말을 당신의 섭리 가운데 친구를 통해 해주셨는지도 모르겠습니다. 확실히 아는 건,

하나님이 언제나 함께한다는 사실을 상기시켜 주시려고 에블린을 사용하셨다는 겁니다.

하나님의 은혜로 그때부터 지금까지 열정을 다해 싸워오고 있습니다. 인생에 변화가 오리라는 걸 인지했지만, 변화가 어떻게 올지는 잘 몰랐습니다. 남편이 옆에 있고, 믿음을 붙잡는 한 괜찮아지리라 생각했습니다. 뜻대로 되지 않는 많은 순간이 찾아왔지만 말이죠.

아반떼 팀과 유럽에서의 사역을 하러 벨기에에 도착한 저는 힘이 없고 연약한 상태였지만 기분은 최고였습니다. 하지만 독일로 이동한 지 얼마 안 되서 예상했던 것보다 더 많이 피곤했습니다. 결국엔 협심증 통증(심혈관계 관련 통증)이 심해져서 독일의 프로이덴슈타트 병원의 응급실로 가야하는 상황까지 이르렀습니다. 관상동맥조영술을 또 받은 결과, 삼 개월 전 수술 받은 심장 우회로가 내려앉았다는 사실을 알게 되었습니다. 생각지도 못한 상황 속에 제 건강은 악화일로로 치닫고 있었습니다. 처음 심장마비를 겪었을 때 만큼이나 절박한 심정이었습니다.

심장 우회 수술이 실패하고 난 뒤 수 없이 반복된 입원과 조영술, 다시 심장마비. 이후 감당할 수 없는 치료와 약을 받았습니다. 삶을 포기하지 않도록 에블린 신뜨론 의사와의 대화를 (매일같이) 떠올렸습니다.

하나님을 향한 신앙심이 헛되지 않음을 깨달았습니다. 하나님 아버지는 선하시고 날 사랑하십니다. 이 진리는 일평생 흔들리지 않을 겁니다. 그러나 가끔씩 왜 이런 일을 겪어야 하는지 묻곤 했습니다. 이렇게 심한 고난과 아픔 뒤에 무슨 뜻이 있단 말인가? 아직까지 해답을 찾지 못했습니다. 깨달은 거라고는 무슨 일이 일어나도 계속 전진하리라는 결심을 다져야 한다는 사실입니다. 이 세상에서의 시간이 끝날 때 충성스러운 모습으로 떠나고 싶습니다. 바라건대 고난은 산통을 깨는 존재가 아니고, 고통과 슬픔에서 많은 걸 배울 수 있다는 사실을 두 아들이 알아가면 좋겠습니다.

다음 두 가지는 증명할 수 없고 씨름해야 할 명제이지만 저는 진리임을 확신합니다. 첫째, 하나님은 살아계십니다. 둘째, 제가 나음을 받든 받지 않든 간에 하나님은 저를 사랑하십니다. 이 두 가지 확신은 사랑하는 이와 주변 이들에게 귀한 선물이 됩니다. 우리가 괴로워하는 걸 보면 그들도 괴로워하겠지만 우리가 여전히 하나님에 대한 확신 위에 서 있는 걸 보면 그들은 위안을 받을 것입니다.

애석하지만, 사랑하는 사람이나 자신을 이끌어주던 사람이 아프거나 분투하고 있을 때 아무렇지 않을 사람은 이 세상에 없습니다. 그럼에도 불구하고 진정한 제자는 자기 여정의 고통스러운 부분을 감추지 않고 모두 드러냅니다. 이 점에서 저는 고난을 잘 통과하는 방법을 말하기 위해 인생 모습을 그대로 보여주며 가르칠 수 있는 사람이 되었습니다. 그리스도와 매일 걷는 여정을 늘 잘 통과하는 것은 아닙니다. 잘하든 못하든 제 이야기를 다른 사람에게 보여주어 이들과 공감하고 감동을 나눌 수 있게 되었습니다. 고통스럽긴 해도 아픔을 통해 다른 이를 멘토할 수 있는 기회를 가지게 된 것이죠.

죽음은 새로운 시작

예수님은 죽음을 어떻게 생각하셨을까 궁금하신 적이 있으신가요? 죽음에 대한 예수님의 관점을 놓고 사람들이 조금 오해하는 게 있는 것 같습니다. 네, 예수님은 하나님이십니다. 그러나 참 하나님이신 예수님은 참 인간이기를 거부하지 않으셨습니다. 죽으면 끝이라고 하신 적도 없습니다. 예수님이 병든 사람에게 기적을 베푸신 뒤 그 가족과 무리에게 하신 말씀을 보면 죽음에 대한 예수님의 관점을 알 수 있습니다.

"죽은 것이 아니라 잔다."

마태복음 9장 18~26절에 예수님의 기이한 권능으로 되살아난 어린 소녀 이야기가 나옵니다.

예수께서 이 말씀을 하실 때에 한 관리가 와서 절하며 이르되 내 딸이 방금 죽었사오나 오셔서 그 몸에 손을 얹어 주소서 그러면 살아나겠나이다 하니 예수께서 일어나 따라가시매 제자들도 가더니 열두 해 동안이나 혈루증으로 앓는 여자가 예수의 뒤로 와서 그 겉옷 가를 만지니 이는 제 마음에 그 겉옷만 만져도 구원을 받겠다 함이라 예수께서 돌이켜 그를 보시며 이르시되 딸아 안심하라 네 믿음이 너를 구원하였다 하시니 여자가 그 즉시 구원을 받으니라 예수께서 그 관리의 집에 가사 피리 부는 자들과 떠드는 무리를 보시고 이르시되 물러가라 이 소녀가 죽은 것이 아니라 잔다 하시니 그들이 비웃더라 무리

를 내보낸 후에 예수께서 들어가사 소녀의 손을 잡

으시매 일어나는지라 그 소문이 그 온 땅에 퍼지더

라 – 마 9:18~26

예수님은 이 사건을 통해 우리에게 죽음에 대한 완전히 새로운 관점을 보여주셨습니다. 자주 듣는 질문 중에 하나가 '어떻게 죽음을 공공연하게 말할 수가 있죠?'입니다. 글쎄요, 솔직히 말씀드리면 저는 벌써 영원한 여정에 들어온 지 꽤 된 것 같고, 영원한 여정 속에서 우리의 생애는 쉼표라고 생각합니다. 투병 전에는 죽음을 두려워했습니다. 죽음을 떠올리면 이마에 땀이 흐르고 구역질이 올라왔습니다. 죽음을 생각하지 않으려고 귀를 막고 노래를 크게 부르며 다른 생각을 하려 애썼습니다. 유치하고 소용없다는 걸 알았지만 그만큼 두려웠습니다. 심지어 영화를 보면서도 두려워했습니다. 〈반지의 제왕 3: 왕의 귀환〉에서 주인공이 죽거나 헤어질 수 밖에 없는 장면을 보면, 아직 오지도 않은 죽음의 공포에 떨며 며칠을 울었습니다.

'내 앞에 뭐가 펼쳐져 있나?'

'이 다음엔 무슨 일이 일어날까?'

'내가 정말 계속 존재할까?'

'사는 게 지쳐버리지는 않을까?'

이런 질문들이 머릿속에서 맴돌면 밤잠을 못 이루지만, 한편으론 죽음과 영원에 대한 기대가 조심스레 생기기 시작했습니다.

흥미롭게도 인간의 힘으로는 완치할 수 없다는 말을 들은 후부터 죽음과 영원에 대한 생각을 하게 되었습니다. 사람은 죽음을 현실로 맞닥뜨린 순간 신앙에 변화가 옵니다. 사물을 보는 시각이 새로워집니다. 이제 더이상 죽음이 두렵지 않습니다. 죽음의 존재를 인식하게 되자 호흡하는 순간마다 사랑하는 이들과 보내는 시간이 얼마나 귀한지, 제 생명과 생명력이 주는 모든 기회가 얼마나 소중한지, 그런 저에게 학구열이 얼마나 솟구치는지 깨달았기 때문입니다. 더 알아가고 싶습니다! 삶을 그냥 경험하는 게 아니라 맛보고, 만지고, 들으며, 계절이 가고 올 때마다 사랑하는 이들과 함께하고 싶습니다.

그리스도 안에 닻을 내리는 소망을 품고는 이제 더 이상 죽음이 두렵지 않습니다. 사도 바울이 기록한 빌립보서 1장 21절 말씀은 모든 상황 속에 들어맞습니다.

이는 내게 사는 것이 그리스도니 죽는 것도 유익함이라

– 빌 1:21

　내가 죽으면 가장 힘들어할 사람은 이를 지켜볼 수 밖에 없는 사람들입니다. 그리스도인은 죽으면 전능하신 하나님의 임재 가운데로 즉시 들어갑니다. 깊은 잠에서 깨어 눈을 떴을 때 예수님이 당신을 그윽히 보고 계신다는 상상을 해보세요. 이렇게 놀랍고 아름다운 순간을 두려워해야 할 이유가 없지 않나요?

　　이로써 사랑이 우리에게 온전히 이루어진 것은 우리
　　로 심판 날에 담대함을 가지게 하려 함이니 주께서
　　그러하심과 같이 우리도 이 세상에서 그러하니라 사
　　랑 안에 두려움이 없고 온전한 사랑이 두려움을 내
　　쫓나니 두려움에는 형벌이 있음이라 두려워하는 자
　　는 사랑 안에서 온전히 이루지 못하였느니라

　　– 요일 4:17~18

　병든 몸에 매여 있으면서 고통과 고난을 꾸준히 마주했

습니다. 본향으로 돌아가는 게 아름다운 일이라 생각하면서도 한편으로는 사랑하는 이들보다 먼저 가게 된다는 생각에 미안해집니다. 얼마나 그리워할지, 그리고 제가 이 세상에 더 있게 된다면 어떤 변화가 있을지 궁금합니다. 죽음을 생각하며 다른 이들의 반응을 상상하는 것이 이기적일 수 있겠지요. 고난의 계절은 조금 이기적이어도 되는 단 한 번의 기회를 준다고 생각합니다. 이렇게 아름다운 선물을 두려워할 필요가 없습니다. 사랑하는 이들을 생각하면 마음이 아프지만, 천국에서 가족과 다시 만날 기쁜 날을 소망하며 설명할 수 없고 통제할 수도 없는 고난을 크게 기뻐하렵니다.

시한부 인생을 사는 분, 건강이 좋지 않다는 결과를 받은 분, 사랑하는 이와 사별한 분께 드리고 싶은 말씀이 있습니다.

"여러분은 해야 할 일이 있습니다."

사랑하는 이들이 어두운 골짜기를 지날 때 고난을 잘 통과할 수 있도록 준비해주어야 합니다. 우리의 고통과 애통에 그들을 초대해서, 연약한 몸이 시들어갈 때조차 그리스도의 빛이 우리를 비추어주는 걸 보여주어야 합니다. 우리가 당한 슬픔에 몰입하는 걸 멈추고 다가올 소망에 초점을 맞출 때, 사랑하는 이들에게 하나님의 선한 계획을 신뢰할 용기와 소망의 옷을 입혀주고 떠날 수 있습니다. 이들은 이제 미지를 두려워하지 않고 끌어안을 수 있게 될 겁니다. 예수님은 십자가에서 처참하게 죽임 당하리라는 걸 잘 아시고 괴로워하셨음에도 겟세마네 동산에서 위엄있게 고통을 끌어안으셨습니다. 이에 관한 통찰이 히브리서 12장 1~4절에 나옵니다.

> 이러므로 우리에게 구름같이 둘러싼 허다한 증인들이 있으니 모든 무거운 것과 얽매이기 쉬운 죄를 벗어 버리고 인내로써 우리 앞에 당한 경주를 하며 믿음의 주요 또 온전하게 하시는 이인 예수를 바라보자 그는 그 앞에 있는 기쁨을 위하여 십자가를 참으사 부끄러움을 개의치 아니하시더니 하나님 보좌 우편에 앉으셨느니라 너희가 피곤하여 낙심하지 않기 위하여 죄인들이 이같이 자기에게 거역한 일을 참으신 이를 생각하라 너희가 죄와 싸우되 아직 피흘리기까지는 대항하지 아니하고 – 히 12:1~4

예수님이 몇 번이나 자신의 죽음과 부활을 예고하신 장면이 사복음서에 기록되어 있습니다.마 16:21, 마 17:22, 마 26:31, 막 8:31, 눅 18:31, 요 13:18~19 죽음은 끝이 아닙니다. 『C.S. 루이스의 서신』 The Collected Letters of C.S. Lewis 제3권을 보면 우리 앞에 놓인 것이 우리가 뒤에 남겨두고 가는 것보다 더 좋은 것임을 잘 알 수 있습니다.[02]

예수님은 우리도 이 사실을 알기 원하셨습니다. 삶의 끝을 준비하면서 뒤에 남기고 갈 이들을 위해, 어렵겠지만 용기를 내어 대화를 나누세요. 우리는 사랑하는 이들에게 이렇게 해야 할 의무가 있습니다.

---

02 C.S. Lewis, *The Collected Letters of C.S. Lewis*, San Francisco: Harper One, 2007.

대한민국 부산, 2019

3장

슬픔

내 뜻대로 되지 않는 상황 속에서 내려놓기.
내가 손 쓸 수 없는 상황 속에서 대처하기.
삶이란 이 두 가지 미학을 알아가는 것이다.

다이엔 밀러 (Dianne Miller)

고난 중에 받는 하나님의 선물

아버지는 회심하신 후 삶이 바뀌었고, 그 모습이 제 신앙에도 영향을 미쳤습니다. 아버지는 주일마다 점심을 드신 후 교회로 가서 몇 시간이고 무릎을 꿇고 기도하셨습니다. 매일 아버지의 그 시절을 생각합니다. 병마와 싸우다 돌아가신 아버지를 보면서 해답 없는 질문을 쏟아내었습니다. 아버지가 병마와 싸울 때 왜 내버려두셨는지, 많은 사람들이 아버지를 위해 기도했는데 왜 고쳐주시지 않는지, 하나님께 항의하고 싶었습니다. 그러다가도 하나님께 대들면 안 될 것 같다는 생각이 들었습니다. 하나님께 대들기가 두려웠고, 많은 말을 하지 못한 채 울기만 했습니다.

하나님의 주권과 권능을 아는데 어찌 하나님께 따질 수 있겠습니까? 저는 잘 알고 있습니다. 그럼에도 불구하고 마음 속에 여전히 많은 의문과 분노가 뿌리 내리고 있었습니다. 충분한 자격을 갖춘 사람이 병이 낫기는 커녕 고통과 침묵 속에 죽는 모습이 납득되지 않았습니다. 며칠 동안 슬픔에 빠져 하나님 앞에서 주먹을 치켜들고, "왜? 왜? 왜 그러셨어요?"라고 소리치고 싶었습니다. 실제로 목소리 내어 소리친 적이 없더라도 마음 깊이 숨겨진 곳은 늘 시끄러웠습니다. 모든 권세를 지니시고 은혜가 충만하신 하나님이 왜 아버지의 생명을 조금이라도 더 늘여주시지 않았는지, 아니면 아버지 인생 끝자락을 조금이라도 덜 고통스럽게 해주시지 않았는지, 이해할 수 없었습니다. 이런 생각을 하는 제가 싫었습니다. 하나님을 향한 양가 감정에 시달렸지만 지켜보는 눈이 많았기에 불편한 감정을 무시해버리거나 '선한 그리스도인'이라는 가면 뒤로 숨고 싶었습니다. 허나 그렇게 하기에는 모순된 감정이 너무 심했습니다.

압박감 때문에 도망쳐버리고 싶을 때 절 붙잡아 준 것은 아버지가 남겨주신 믿음의 유산과 사랑이었습니다. 슬프거나 절박할 때마다 이 두 가지를 의지했습니다. 마지막

날까지 하나님을 향한 사랑에 가득 찼던 아버지를 기억하며 버틸 힘을 길렀습니다. 아버지가 하나님께 온전히 의탁했던 모습은 제 삶의 동력이 되었고, 고난을 대했던 아버지의 모습은 절 변화시켰습니다. 고난 중에 있는 사람과 함께 있는 것 뿐 아니라 그들이 고난을 어떻게 대하는지 지켜볼 것을 제안하고 싶습니다.

어떤 이는 고통과 슬픔을 마주했을 때 도망가버립니다. 어떤 이는 죽음에게 융단을 깔아주고 어서 와서 날 삼켜버리라고 합니다. 반면에 고통과 슬픔을 위엄 있게 마주하고 자신의 초조함과 두려움을 전능하신 하나님께 올려드리는 자들이 있습니다. 그들은 모든 지각을 뛰어넘는 평안을 얻습니다. 인생에 폭풍우가 몰아칠 때 배 밖으로 걸음을 내딛는 게 무서워도 이들은 '물 위를 걸을' 것입니다.

구약 성경에 나온 요셉의 삶을 보면, 요셉은 형들로부터 큰 상처를 받았습니다. 하나님은 그 고난을 통과한 요셉을 높이셨습니다. 창세기 50장 20절에서 요셉은 형들에게 이렇게 말합니다.

나에게 가장 근사한 남자, 아버지 호세 L. 미란다.

당신들은 나를 해하려 하였으나 하나님은 그것을 선
으로 바꾸사 오늘과 같이 많은 백성의 생명을 구원
하게 하시려 하셨나니 – 창 50:20

훌륭한 인품으로 성숙한 사람만이 고통과 고난을 준 사
람과 당당히 대면할 수 있습니다. 그들을 용서할 수 있고
털어버릴 수 있습니다. 물론 요셉의 성숙한 인품은 억울한
옥살이 십삼 년이라는 세월 속에 빚어진 것이지요. 저희 교
회의 로저 대니얼 목사님이 자주 하는 말이 있습니다.

"진정한 변화는 전자레인지가 아닌 가마니에서 이루어진다."

이 말을 통해 고난의 여정에서 오는 유익을 아시겠지요. 고난을 통해 우리는 새로운 시각으로 하나님과 삶의 수수께끼를 바라볼 수 있고 성숙과 통찰력을 얻습니다.

모순적이게도 아버지의 투병과 죽음을 지켜보며 괴로워하고 애통했지만, 그 시간을 통해 고통과 애통에 대한 묘한 이해가 생겼습니다. 병을 앓으면서 아버지처럼 말수가 적어졌고 아버지처럼 성경을 읽고 기도하는 시간이 많아졌습니다. 아버지가 의도하지도 않았고 가르치지도 않았는데 아버지의 태도가 전이된 것이지요.

고난 중에서 아버지의 태도를 많이 따라했지만 한 가지만은 아버지와 달랐습니다. 고독 속에 있지 않고 고난을 다른 이들과 소통하는 데 사용하기로 마음먹었다는 점입니다. 아버지가 말수가 적어지신 이유가 병환으로 인해 사람들로부터 나약하게 보이거나 징계를 받았다는 정죄를 당할까봐 그러신 게 아닌가 하는 생각이 들었습니다. 철저한 침묵 속으로 침잠하는 아버지를 보며 저는 말없이 흐느꼈습니다. 고난을 대하는 방식이 각자 다르겠지만 슬픈 계절을 겪을 때 안으로 들어갈 게 아니라 밖으로 나와야겠다는 결심을 했습니다. 이 결심을 통해 흑암의 골짜기를 지날 때마다 마음 속에 부정적인 생각이 범람해도 결국에는 헤어나올 수 있는 은혜를 맛보게 되었습니다.

이 결심 전에는 '병든 내가 사라지면 가족들의 삶이 한결 나아지겠지'라는 끔찍한 생각을 했습니다. 끊임없이 자살을 생각하며 제 자신을 갉아먹었습니다.

'넌 아무 쓸데 없어'

'너 따위 필요 없어'

'넌 다른 사람을 애먹이고 있어'

'너 없으면 저 사람들 더 잘 살아'

사탄은 속삭였고 저는 사탄의 속셈에 놀아나고 있었습니다. 하나님을 두려워하면서도 사탄의 속삭임에 귀를 내어준 사람이 저 뿐만이 아니라는 걸 압니다. 욥기 3장 1~7절에 사탄의 속삭임에 놀아나는 욥의 모습이 나옵니다.

그 후에 욥이 입을 열어 자기의 생일을 저주하니라

욥이 입을 열어 이르되 내가 난 날이 멸망하였더라

면, 사내 아이를 배었다 하던 그 밤도 그러하였더라

면, 그날이 캄캄하였더라면, 하나님이 위에서 돌아
보지 않으셨더라면, 빛도 그날을 비추지 않았더라
면, 어둠과 죽음의 그늘이 그날을 자기의 것이라 주
장하였더라면, 구름이 그 위에 덮었더라면, 흑암이
그날을 덮었더라면, 그밤이 캄캄한 어둠에 잡혔더라
면, 해의 날 수와 달의 수에 들지 않았더라면, 그밤
에 자식을 배지 못하였더라면, 그밤에 즐거운 소리
가 나지 않았더라면 – 욥 3:1~7

내 안에서 스러지는 빛이, 이제는 부스러기 같은 소망
마저도 못 비출 만큼 약해지고 있을 때 돌아갈 길을 찾기란
힘든 법입니다. 여기서 한 가지, 고난 속에서 알지 못했던
제 모습을 발견하게 되었습니다. 저는 겁쟁이었습니다! 이
고통을 끝낼 방법을 찾다가 가능한 고통없이 끝내면 좋겠
다고 생각했습니다.

'만약에 내가 약을 그만 먹는다면 심장은 더 악화될 거
고 그러면 곧 모든 게 끝나겠지. 아니면 수면제를 한 움큼
먹는 건….'

고통을 직면하지 않고 피하려 했던 겁쟁이였지요. 허나

제 자신을 다시 들여다본 순간 반전이 일어났습니다. 고난 속에 자살을 생각할 정도라면 그만큼 고통이 싫고, 또 고통 없는 삶, 즉 고통에 저항하는 삶을 살고자 하는 욕구가 강하다는 의미이기도 했으니까요. 생각이 전환된 순간부터 저는 죽음과 사투를 벌이기 시작했습니다. 우울증이 고개를 들 때마다 신체적, 정서적, 영적 상태와 상관없이 맞서 싸웠습니다. 어떤 어려운 상황에 놓인다 해도 하나님의 사랑과 은혜는 줄어들지 않는다는 걸 알았습니다. 인생에 어떤 파도가 와도 제게 주어진 생명을 위해 힘써 싸웠습니다. 투병으로 깨져버린 자아 속에서도 제 안의 소중한 가치들은 보존되어 있었습니다. 무거운 짐을 홀로 질 때 다른 이들을 초대하고 적극적으로 소통하였고, 외로이 슬픔을 삭히고 있었더라면 느끼지 못했을 평안을 얻었습니다.

이 싸움에서 승리할 수 있게 도움을 주는 메시지를 모두 수집해서 무기로 활용했습니다. 제 안에 있는 불이 계속 타오르도록, 이 빛이 계속 반짝이도록, 아무리 아파도 싸우겠다는 게 솔직한 심정이었습니다. 하지만 빛이 계속 비치도록 자신을 신뢰하며 나아가기란 어렵지요. 특히 몸이 망가지고 마음이 나약해지거나 검사 결과가 안 좋을 때는 더

더욱 그렇습니다. 게다가 제게 주어진 선택지에 중도 포기란 없었습니다. 제가 싸우고 있는 한, 가족과 친구들도 전투 속에 있어야 했기에 그들에게 마음의 빚을 지고 있습니다. 언젠가 제가 아끼는 이들이 자신의 고난을 마주할 때 저를 기억하고 앞으로 나아갈 힘을 얻기를 소망합니다. 자신의 슬픔과 고난을 하나님께 온전히 내어드리기 원합니다. 에린 코리얼Erin Coriell은 「공동체 안에서 울기」라는 제목의 글에서 이렇게 말합니다.

> "슬픔이란 대단히 개인적인 일이지만 그래도 다른 슬픔과 함께 슬퍼할 필요가 있다. 슬픔을 크게 표현하는 순간 슬픔이 떠나간다는 건 형용하기가 매우 어려운 부분이다. 슬픔은 고되고 외로운 감정이지만 우리 모두의 마음을 연결하는 보이지 않는 실이기도 하다. 슬픔에게는 인간됨을 재정의할 힘이 있다." [03]

---

03 Erin Coriell, "*Grieving in Community*," Huffpost.com, March 4, 2018.

그분이 오고 계신다

우리 부부는 아반떼 인터내셔널 설립부터 현재까지 12년이 넘게 세계를 누볐습니다. 대학 음악 동아리에서 만난 우리는 처음에는 친구 사이였지요. 저는 노래를 불렀고 브라이언은 건반을 연주했습니다. 동아리 활동을 하면서 대화가 깊어졌고, 함께하는 시간이 점점 길어졌습니다. 특별한 사이로 발전하게 되었지요. 같은 생각을 하고 서로의 행동을 따라하게 되었습니다. 식당에서 밥을 먹을 때마다 얼음이 담긴 유리잔에 우유를 붓고 생크림을 위에 얹는(가끔 생크림 위에 체리 한 알을 올리는) 둘만의 디저트를 만들곤 했어요. 당시 저는 브라이언과 사랑에 빠진 사실을 알아차리지 못했습니다. 물고기 가득한 큰 바다에서 브라이언이 제게로 헤엄쳐오고 있었지만, 전혀 눈치채지 못한거죠.

하나님과 저와의 관계에서도 비슷한 점이 보입니다. 하나님과 시간을 보낼수록 더 가까이 계시는 것 같고 가끔은 하나님이 무슨 생각을 하시는지 알 것 같은 기분이 들어요. 하나님과 함께하는 시간이 즐겁습니다. 이렇게 보면 우리를 지으신 이와 피조물의 관계는 서로 주고 받는 사이인 것 같습니다. 물론 하나님이 훨씬 많이 주시는 쪽이기는 하지요. 하나님께 순종할수록 더 큰 평안을 주시고, 평안 속에 거하면 거할수록 하나님께 더 나아가게 됩니다.

초점을 잃은 채 절망에 빠지더라도 하나님께 시선을 고정시키면 절망에서 나올 수 있습니다. 부부가 같이 살면서 가까워지고 익숙해지다가 마침내 닮아가게 되는 이치와 같습니다. 고난의 잔을 받고서 가장 절박한 순간에 하나님 아버지께 딱 달라붙기로 결심했던 건 이런 이유 때문이었습니다. 저는 스스로에게 이 말을 들려주며 격려합니다.

"베바야, 하나님은 너로 하여금 네 인생을 향한 그분의 선한 의도를 묻지 않아도 되게 하셨지. 그런데 지금 너는 왜 하나님을 의심하는 거니?"

고난의 시절 속에서 하나님의 선하심과 지혜로운 인도하심, 그가 이미 이루시고 계시는 약속에 의지하는 것보다 더 좋은 닻은 없습니다. 고린도후서 1장 3~4절에는 사도 바울이 하나님을 모든 위로의 하나님이라고 부르는 아름다운 말씀이 나와있습니다.

찬송하리로다 그는 우리 주 예수 그리스도의 하나님
이시요 자비의 아버지시요 모든 위로의 하나님이시

망망대해에 떠 있는 배에 여러분이 있다고 상상해보십시오. 사나운 폭풍우가 몰려올 때 당신이 할 수 있는 모든 것을 해봤다면, 이제 힘이 되시는 하나님께 울부짖고 잠잠히 기다리는 수 밖에 없습니다. 하나님이 오실 것을 알기에 하나님이 건져 주실 것을 기다려야 합니다.

저는 폭풍이 이는 바다에 있는 것 같은 때가 많았습니다. 하나님께서 제 충성을 시험하고 계시는 건지, 아니면 제가 하나님의 충성을 시험하고 있는 건지 의문이 들 때가 있었습니다. 어찌되었든 간에 저는 분투하는 과정을 통해 친구되신 하나님을 더 알고 싶어졌습니다.

이 시절이 지나간다고 해서 고난이 싹 가시리라 생각하지는 않습니다. 이 세상에 살고 있는 한, 최종적인 전쟁이 끝나기 전까지는 전투가 많이 있을 거라고 생각합니다. 전투에 뛰어들 때 하나님이 하나님의 때에 나타나실 것을 신뢰하며 갑옷을 입고 나아가야 합니다. 갑옷을 입는 이유는 몸이 아닌, 모든 지킬 만한 것 중에 더욱 지켜야 할 마음 때문입니다.잠 4:23 그런 점에서 심장은 계속해서 옳은 방향으로 가게 도와주는 나침반입니다. 최종 목적지에 도달하기까지 전투력을 계속해서 끌어 모을 것입니다. 사도 바울이 말한 '선한 싸움을 싸우고' '달려갈 길을 달려가는' 것을 기억하십시오. 그러면 삶이 고단해지거나, 힘든 결정을 내려야 할 때, 또는 작별 인사를 하고 떠나야 할 때 우리가 무엇을 해야 할지 알 수 있습니다.

C.S. 루이스가 쓴 『나니아 연대기』The Chronicles of Narnia에 나오는 네 아이가 그랬던 것처럼 우리도 "아슬란이 오고 있다"[04]는 사실을 인지할 때만 위로를 받을 수 있을 것입니다.

> ""아슬란이 오고 있는 중인데 아마 벌써 도착해가고 있을 거야." 그러고서 정말 신기한 일이 벌어졌습니다. 여러분이 지금 아슬란을 모르는 것처럼 이 아이들도 아슬란을 몰랐습니다. 하지만 비버의 말을 듣는 그 순간, 아이들은 각자 다른 기분이 들었습니다.

04　C.S. Lewis, *The Lion, the Witch and the Wardrobe*, London: Geoffrey Bless, 1950, 89.

여러분은 꿈 속에서 누가 나타나 이해할 수 없는 어떤 말을 했는데 그 꿈이 여러분에게 엄청난 의미가 있는 것마냥 느껴진 적이 있을 것입니다. 그 꿈이 악몽으로 변해버리든지, 아니면 여러분이 살아가는 내내 기억하고 싶고 언제나 그 꿈 속으로 다시 들어가고 싶을 만큼 아름다운, 그래서 말로 담기에 너무나 사랑스러운 의미의 꿈이든지, 둘 중 하나일테지요. 지금이 꼭 그렇습니다. 아슬란이라는 이름을 듣자마자 아이들은 각자 그 이름 안으로 뛰어들어가고 싶어합니다. 에드먼드는 설명할 수 없는 두려움이 느껴집니다. 피터는 용기와 탐험심이 불쑥 솟구칩니다. 수잔은 뭔가 맛있는 냄새나 경쾌한 음악 선율이 막 떠오르는 것 같습니다. 그리고 루시는 마치 아침에 일어나보니 연휴가 시작되거나 여름이 시작되는 날인 것 같은 기분이 듭니다."[05]

C.S. 루이스

---

05   위의 책, 88-89.

루마니아 트란스파가라샨, 2018

4장

소통

하나님께서는 늘 말씀하십니다.

전 우주에 울려퍼지고 있는 사랑과 화합, 평안과 진리의 소리에 주파수를 맞춰본 적이 있느냐? 이 거룩한 심포니가 내내 연주되고 있지만, 네 좁은 마음에서 나오는 궁시렁대는 소리를 없애지 않으면 들리지 않을 것이다.

단 일 초라도 눈과 귀를 닫고서 세상의 금방 있다 사라질 덧없는 소란스러움에서 멀어져 있으라.

그 모든 부산스러움에서 떠나라. 그 일 초 동안만이라도 조용히 듣기만 해보라. 기쁨으로 울려퍼지는 그 소리를 들을 수 있느니라.

사랑과 빛의 근원되신 이에게 네 자신을 맞출 때만이 네 인생에서 영혼 가득한 평안을 더 누릴 수 있게 되느니라. 네 '본향'을 향해 조율할수록 네 헛된 방황은 적어지니라.

만프릿 코어 (Manprit Kaur)

하나님 아버지와 소통하기

겟세마네 동산에서 있었던 예수님의 고뇌를 보면, 예수님이 아버지 하나님과 함께 그 고통의 잔 마시기를 두려워하지 않았다는 사실을 이내 알 수 있을 것입니다. 예수님은 인간의 몸을 입은 하나님이시지 않습니까? 예수님은 원하는 것이라면 무엇이든 할 수 있는 분입니다. 예수님이 원하셨다면, 처참한 정죄와 저주, 채찍질, 침 뱉음, 거짓 참소를 없었던 걸로 할 수 있었습니다. 그러나 예수님은 참 하나님이셨지만 동시에 참 인간이셨고, 고난도 인간으로서 견디시기로 결정하셨습니다. 엄연한 현실이 예수님과 하나님 사이를 비집고 끼어든 것과 같이, 겟세마네 동산에서도 실제적인 고뇌와 슬픔이 끼어들었습니다. 하나님의 아들이라고 해서 다가올 고통이 줄어들거나 완충되는 게 아니었기 때문이죠. 그렇게 겟세마네 동산에서 예수님은 하나님의 아들이면서도 고난 받는 종으로 계셨고, 제자들은 그 모습을 가장 가까이에서 목도하고 있었습니다. 예수님은 자신이 아버지 앞에서 가장 나약할 때의 모습을 제자들에게 기꺼이 보여주신 것이지요.

그 덕택에 제자들은 소통에 대한 교훈을 배우게 됩니다. 예수님은 평소에도 아버지 하나님께 기도하러 따로 시간을 보내셨고, 그 모습이 제자들에게 익숙했지만, 이번은 달랐습니다. 자신들이 이제까지 모셨던 랍비께서 그렇게 처절하게 괴로워하며 아버지 하나님을 찾는 모습을 제자들은 한 번도 본 적이 없었기 때문입니다.

예수님은 (아버지 하나님에게만 있고) 자신에게는 없는 초자연적 권능에 문을 두드리셔야 했습니다. 다시 말해, 자신이 감당할 희생이 합당하다면, 그 희생을 감당하기 위해 자신을 품어주고 지탱해줄 은혜와 힘의 원천을 찾아야만 했던 것이지요. 당신이 만일 그리스도와 같은 상황에 처했다면 은혜와 힘의 원천을 어디서 찾으시겠습니까? 가족? 친구? 아니면 동역자나 배우자에서 찾을 수 있을까요? 예수님은 자기가 있어야 할 곳이 권능과 은혜의 근원, 위로와 감동의 근원, 곧 하나님 아버지라는 사실을 아셨습니다.

아름답고도 알쏭달쏭한 사이

제 생각에 이 장이 글을 써 내려가기 가장 힘들지 않나 싶습니다. 하나님을 사랑하고 경외하지만 한편으론 하나님과의 사이를 뭐라 표현하기 힘들 만큼 혼란스러울 때가 있기 때문입니다. 하나님에 대한 의심이 들 때가 있었습니다. 의심이 들 때마다 그런 모습이 당황스러웠습니다. 어떨 때는 불만을 늘어놓는 제 모습이 부끄러웠습니다.

지금까지 내린 결론은 '하나님은 내가 이해하기에는 매우 어려운 분이다.'입니다. 저와 하나님 사이는 마치 사랑하는 연인만큼이나 복잡합니다. 제가 하나님을 무척 사랑하고 하나님도 저를 사랑하신다는 사실을 잘 압니다. 하지만 가끔은 이 사랑에 대한 저의 헌신에 의문을 제기하게 됩니다. 특히 통증이 참을 수 없을 만큼 심해지거나 힘이 없을 때, 하지만 하고 싶은 일이 여전히 많을 때 더 그렇습니다.

마음에 불평이 생기고 저와 하나님 사이에 부정적인 잡

음이 점점 커집니다. 우리는 서로에게 말을 잘 건네지 않게 되고, 소원해진 사이로 저의 낮아진 자존감이 비집고 들어갑니다.

'하나님이 내게 서운해하셔, 하나님이 내게 실망하셨어'

제 멋대로 생각합니다. 이것은 하나님이 하시는 게 아닌, 제 마음 속의 전투입니다.

아무 이유없이 하나님께 화를 내다가, 오히려 하나님이 화가 나서 저에게 벌을 주시는 게 아닌지 의아해하기도 했습니다. 고난 받는 사람이라면 누구나 가질 수 있는 생각이겠지만, 하나님과 손을 잡고 걷는 이 길에 어떤 방해나 안 좋은 감정이 끼어들지 않으면 얼마나 좋을까요! 그분과 함께 하는 여정이 사막보다는 낙원이라면 더 좋겠지요. 허나 제가 하나님께로부터 복만 누렸다면 나의 친구들이 힘들어 할 때 매우 난처했을 겁니다.

제가 입원했던 병원의 의사, 간호사들은 본인 업무 이상으로 저를 잘 돌보아주었습니다. 저와 병실을 같이 쓴 환자들도 삶의 의지를 불태우며 저에게 감동을 줬습니다. 사람들과 이야기를 나누었던 병동 복도나 심지어 치료 대기실에서도 하나님의 얼굴을 구하며 하나님의 임재를 체험할 수 있었습니다. 문제는 기회가 많이 주어져도 그 기회를 놓친 적이 많았다는 거죠. 혼자 절망 속에 빠져 허우적대느라 하나님을 볼 기회를 놓친 적이 많았고, 시간이 지나고 나서야 '그때 내가 혼자 남겨진 게 결코 아니었구나'라며 뒤늦게 깨달았습니다. 하나님이 저와 함께 하신다는 사실을 인식하지 못했던 제 모습은 엠마오로 걸어가는 두 제자의 모습과 닮아 있습니다.

> 이 모든 된 일을 서로 이야기하더라 그들이 서로 이
> 야기하며 문의할 때에 예수께서 가까이 이르러 그들
> 과 동행하시나 그들의 눈이 가리어져서 그인 줄 알
> 아보지 못하거늘 – 눅 24:14~16

수술 후 주치의를 만났을 때가 생각납니다. 주치의는 진찰을 해보더니 관상동맥이 막힌 데가 더 있지 않은지 확인해야겠으니 관상동맥조영술을 다시 해보자고 말했습니다. 그 말을 듣고 저는 울음을 터뜨렸고 치료는 더 이상 못 받겠다고 말했습니다. 정서적으로나 신체적으로 너무 지친 상태라 그랬던 것 같습니다. 의사 선생님은 어깨를 다독이

며 말씀하셨습니다.

"마음 아프게 해서 죄송해요. 하지만 할 수 있는 한 사모님을 살리는 게 제 일인 걸요."

그날 저는 한없이 울었습니다. 그렇게 울고 있는 저를 의사 선생님은 기다려 주었고, 비서를 불러 다음날 입원할 수 있도록 필요한 서류 작업을 하라고 지시했습니다. 그분은 진찰실을 나가면서 비서에게 이렇게 말했습니다.

"이 분은 내가 아끼는 환자예요. 특별한 분이니까 극진히 보살피도록 하세요."

다음날 아침, 초조하고 낙심한 상태로 며느리와 함께 병원에 도착했습니다. 의료진이 치료 준비를 했을 때 이미 죽을 것 같았습니다. 주치의는 그런 저를 보자마자 안아주며 노래를 불러주었습니다. 간호사도 제가 안전하고 편안하게 치료 받을 수 있도록 음악을 틀어주었습니다. 치료가 시작되었는데, 어느새 저는 노래에 맞춰 콧노래를 부르고 있었습니다. 정말 웃기죠?

관상동맥에서 막힌 부분이 발견되어 바로 치료를 했고 끝난 뒤 저는 제 정신으로 돌아올 수 있었습니다. 좀 웃기긴 하지만, 그때를 떠올려보면 기분이 좋아집니다. 하나님

고통과 슬픔의 절벽 앞에서 거룩한 은혜를 맛보다

사랑의 새로운 면모를 알게 되었기 때문입니다. 무섭고 어려운 상황 속에서도 하나님은 저를 돌보고 계시며, 그 사실을 알려주시려고 다른 이를 사용하셨습니다. 그날 이후 다음 번에도 하나님은 같은 방식으로 일하셨습니다. 그 후에도 수많은 치료를 견뎌야 했고 의사 선생님으로부터 듣는 예후와 검사 결과가 실망스러울 때가 많았습니다. 하지만 처한 상황이 엉망이고 끔찍해도 그 안에서 아름다움을 창조하시는 하나님을 만날 수 있었습니다.

고통과 슬픔의 절벽을 지나면서 맛보는 거룩한 은혜가

분명 존재하는데, 교회 안에서 이 부분은 간과한 채 그저 병 고침 받은 간증에만 환호하거나 고난 끝에 얻은 행복한 결말에만 치중하는 경향이 있습니다. 그러다 보니 고난 중에 있는 성도에게 상처를 주기까지 합니다. 그 결과 어떻게 하면 고난을 잘 통과할 수 있을지 생각해 본 적이 없거나, 거절과 정죄가 두려워 다른 사람들 앞에서 인간적인 모습을 보이지 못하는 세대를 길러내게 되었습니다. 고난이라 부르는 어두움과 외로움 속에서 일상이 철저하게 무너졌을 때 다른 이들에게 이런 모습을 보이는 게 뭐가 그리 잘못이란 말입니까?

최근 아반떼 팀이 대한민국 포항시에서 어린 아이들에게 영어를 가르치며 있었던 일입니다. 영어를 가르치고 있는 사이 한 남자아이가 스테이플러를 요리조리 만지다가 다쳤습니다. 남편이 아이에게 뛰어갔는데 자기가 다친 사실을 다른 아이들이 알지 못하게 숨기고 있었습니다. 눈물을 뚝뚝 흘리면서도 아이는 숨을 죽인 채 고개를 들려고 하지 않았습니다. 너무 아파하면서도 다른 아이들이 눈치 채지 못하게 애쓰고 있었습니다. 왜 그랬을까요? 수치심 때문입니다. 수치라는 감정을 다루는 데 있어 아시아 문화권의 방식이 다른 문화권보다 엄하다는 생각이 듭니다. 이 아이를 통해 뚜렷하게 볼 수 있었습니다. 놀라운 사실은 수치심을 이렇게 다루는 모습이 저에게도 존재한다는 것입니다. 신약에도 수치심을 주는 사람들의 이야기가 나옵니다. 마가복음 10장 46~52절의 맹인 바디매오 이야기를 보겠습니다.

> 그들이 여리고에 이르렀더니 예수께서 제자들과 허다한 무리와 함께 여리고에서 나가실 때에 디매오의 아들인 맹인 거지 바디매오가 길가에 앉았다가 나사렛 예수시란 말을 듣고 소리 질러 이르되 다윗의 자손 예수여 나를 불쌍히 여기소서 하거늘 많은 사람이 꾸짖어 잠잠하라 하되 그가 더욱 크게 소리 질러 이르되 다윗의 자손이여 나를 불쌍히 여기소서 하는지라 예수께서 머물러 서서 그를 부르라 하시니 그들이 그 맹인을 부르며 이르되 안심하고 일어나라 그가 너를 부르신다 하매 맹인이 겉옷을 내버리고 뛰어 일어나 예수께 나아오거늘 예수께서 말씀하여 이르시되 네게 무엇을 하여 주기를 원하느냐 맹인이 이르되 선

생님이여 보기를 원하나이다 예수께서 이르시되 가

라 네 믿음이 너를 구원하였느니라 하시니 그가 곧

보게 되어 예수를 길에서 따르니라 – 막 10:46~52

이 이야기는 예수님이 행하신 또 하나의 기적으로 보일
수 있습니다. 보통 메시아가 행한 치유와 기적에 집중할 때
가 많지요. 하지만 이 사건 후 무슨 일이 있었는지 요한복
음 9장 34절을 보겠습니다.

그들이 대답하여 이르되 네가 온전히 죄 가운데서 나

서 우리를 가르치느냐 하고 이에 쫓아내어 보내니라

– 요 9:34

무리들은 맹인을 쫓아보냅니다. 수치심을 주는 이들의
행동을 보니, 욥을 판단하고 꾸짖었던 욥의 친구이자 소위
'위로자들'이 떠오릅니다. 인생 최악의 상태에 처한 참담한
사람에게 이런 법이 어디있습니까! 욥기 19장 1~6절은 이
렇게 기록합니다.

욥이 대답하여 이르되 너희가 내 마음을 괴롭히며
말로 나를 짓부수기를 어느 때까지 하겠느냐 너희가
열 번이나 나를 학대하고도 부끄러워 아니하는구나
비록 내게 허물이 있다 할지라도 그 허물이 내게만
있느냐 너희가 참으로 나를 향하여 자만하며 내게
수치스러운 행위가 있다고 증언하려면 하려니와 하
나님이 나를 억울하게 하시고 자기 그물로 나를 에
워싸신 줄을 알아야 할지니라 – 욥 19:1~6

몸이 아픈 이유가 자신의 죄 때문이거나 부모가 저지
른 일 때문이라는 인식이 자리 잡아서, 아픈 사실을 수치
스러워하는 경향이 있는 것 같습니다. 선의를 가지고 '하
나님을 더 믿고 신뢰하기만 하라'고 말했던 분들이 있는
데, 그 말은 제가 하나님을 신뢰하지 못하고 있다는 느낌
을 주었습니다. 어떤 사람들은 섣부른 판단을 내리며 이렇
게 말합니다.

"건강을 잘 돌보지 않아서 그래요."

"치유해달라고 더 선포하셔야 해요."

아! 그리고 저도 예전에 자주 했던 말이 있습니다.

"의사가 하는 말을 다 믿지 마세요. 주님께서 하시는 말만 믿으세요."

딱 정해진 치유 공식이 있어서, 만약 낫지 못하면 다 본인 잘못이라는 말은 어떤가요. 그럼 전 분명히 잘못한 거네요. 그런거죠?

심혈관계 질환 진단을 처음 받았을 때, 죄를 지어서 그런건지 의문이 생겼습니다. 하나님께 벌을 받고 있는거라고, 식단 관리에 소홀하고 몸과 혼을 잘 돌보지 못한 책임이 있다고 생각했습니다. 특히 병 고침이라는 주제에 있어서 하나님을 오해하는 사람들이 있습니다. 하나님을 '인간이 실수하면 고통이라는 징벌을 언제든지 내릴 폭압자'로 생각합니다. 혹은 아픈 사람을 '용서나 나음을 받기 위해 열심히 노력해야 하는 죄인'으로 만들어버리기도 합니다. 저는 그런 사람들의 말을 귀담아들었습니다.

이런 해석을 열렬히 옹호하던 사람 중에, 본인이 고난에 처하게 되는 경우를 봤습니다. 지금까지 믿어왔던 고난에 대한 관점을 본인에게 적용해보기란 대단히 아픈 일입니다. 고난을 로봇처럼 감정 없이 대하는 게 아니라 인간답게 마음으로 대하기까지, 뼈 아프게 하나님과 대화해야 할지도 모릅니다. 솔직히 고난을 죄값으로 치부하는 해석을 따른다면, 인간의 죄가 얼마나 되어야 하나님이 매를 드실 정도가 될까요? 그만큼 하나님이 증오심에 가득 찬 분일까요?

물론 우리가 내린 선택에는 결과가 있기 마련입니다! 그러나 림프종 진단을 받은 다섯 살배기, 남편이 차에 치어 튕겨나가 사망했다는 소식을 방금 듣게 된 아내, 아들이 선교지에서 끔찍한 사고를 당했다는 소식을 접한 아버지의 경우는 어떤가요? 말로 설명이 안 되는 상황에 부딪힐 수도 있지 않을까요? 경고도 예고도 없이 일어난 상황 앞에서 우리는 어떻게 앞으로 나아갈 수 있을까요? 근원되신 이에게로 곧장 가는 게 이치에 맞을까요? 아니면 두렵고 부끄러워 그분으로부터 피하는 게 맞을까요?

어느날 아침, 잠에서 깼는데 머리 속에 너무 많은 생각이 들었습니다. 불현듯 로마서 8장 28절 말씀이 떠올랐습니다.

> 우리가 알거니와 하나님을 사랑하는 자 곧 그의 뜻
> 대로 부르심을 입은 자들에게는 모든 것이 합력하여
> 선을 이루느니라 – 롬 8:28

하나님은 모든 것이 합력하여 선을 이루게 하시는 분입니다. 그날 이후 매일 이 말씀을 나 자신에게 들려주기 시작했습니다.

"베바야, 하나님이 네게 행하시는 모든 일이 너의 유익과 너의 성공, 너의 선을 이루는 일이란다."

이 말을 되뇌이며 괴로운 시절은 우리를 규정하는 게 아니라 우리를 새로운 모습으로 변화시킨다는 것을 깨닫기 시작했습니다. 하나님은 우리의 힘이십니다. 나쁜 상황 속에도 역사하시며 쉬지 않으십니다. 그분은 한결같은 하나님이십니다. 우리가 손 쓸 수 없는 상황이 많이 있지만, 모든 것은 하나님의 손에 있습니다.

하나님 아버지를 바로 보아야 할 때 오히려 얼굴을 숨기는 경우가 있습니다. 우리는 예수님이 하셨던 것처럼 반응해야 합니다. 하나님 아버지께 부르짖으면서 우리가 처한 고난을 아뢰어야 합니다! 하나님이 우리 의지대로 따라주신다거나 우리를 고통에서 빼내주셔야 한다는 말이 아닙니다. 우리의 심령을 들여다보시고 위로해주실 수 있는 하나님께 '저를 좀 보아주세요'라고 말하자는 뜻입니다.

첫째 아들 매튜가 아기였을 때 예방주사를 맞히러 간

적이 있습니다. 간호사가 주사실로 들어왔을 때만 해도 아기 매튜는 마냥 해맑게 웃고 있었습니다. 간호사가 주사를 놓자 사랑스럽게 웃던 얼굴이 돌연 겁에 질려 아파하는 표정으로 싹 바뀌었습니다. 간호사를 보는 매튜의 표정이 마치 이렇게 말하는 것 같았습니다.

"왜 절 아프게 하나요?"

제게 고개를 홱 돌려서는 이런 표정이었습니다.

"이 사람이 절 아프게 하도록 내버려 두고 있나요?"

정말 사랑하고 보호해주고 싶은 아들 매튜가 위로와 구원의 눈길을 보냈지만, 저는 매튜를 고통에서 꺼내 주지 않았습니다. 매튜를 건강하게 하기 위해 이 고통이 꼭 필요하다는 사실을 알았기 때문입니다.

E. 록하트 E. Lockhart는 그녀의 저서 『우리는 거짓말쟁이였습니다』 We Were Liars에서 이렇게 말합니다.

"침묵은 고통을 덮어주는 보호막이야." [06]

고난을 고백할 때 큰 자유를 얻게 됩니다. 근원되신 이와 교통하는 가운데 자신의 정서적·육체적 괴로움이 어디

---

06 E. Lockhart, *We Were Liars*, New York: Delacorte Press, 2014.

에서 비롯되는지 인지한다면, 고난의 계절을 통과할 수 있습니다. 무엇이 유익한지, 더 건강하고 튼튼한 사람으로 자라는 데 있어서 무엇이 필요한지를 제일 잘 아는 분이 바로 근원되신 그분이기 때문입니다. 심리학자 제임스 W. 페너베이커 James W. Pennebaker 는 이렇게 말합니다.

> "우선, 감정이 격해질 때 말로 풀어내기만 해도 감정을 보는 관점이 달라집니다. 은연 중에 드는 감정 경험을 뚜렷한 형태로 풀어내어보면 그 감정을 새롭게 범주화할 수 있습니다. 예를 들어, 여러분의 기분을 말과 이야기의 형태로 변환해보면 그 기분이 덜 위협적이고 더 단순하게 느껴집니다. 왜 이런 현상이 일어나는지 명확한 증거는 없습니다만, 거슬렸던 일에 대해 말이나 글로 표현해볼 때 기분이 한결 나아지는 걸 보면 이 방법이 효과가 있다는 사실을 알 수 있습니다. 이에 반해, 납득이 가지 않으면 더 불안해지기 마련입니다." [07]

---

07 James W. Pennebaker, *Ask the Brains Part 2: 62 Answers to Common Questions on the Mind*, 2017, PDF e-book.

우리가 고난 중에도 하나님과 계속 교통하면, 우리를 절망으로 몰고 가는 부정적이고 시끄러운 음성들이 없어질 것입니다. 하나님께 연결되어 있으면 우리네 여정 속에서도 기쁨을 발견할 수 있을 것입니다. 중병에 걸렸을 때, 사랑하는 이가 죽었을 때, 결혼생활에 실패했을 때, 꿈이 좌절되었을 때, 관계가 깨어졌을 때 살아가기란 결코 쉽지 않습니다. 그럼에도 불구하고 우리는 측량할 수 없을 정도로 큰 복을 받은 존재입니다. 이와 같은 존재라는 사실을 계속 기억해야 합니다. 인생에서 가장 못난 시기에 있더라도 하늘에 계신 아버지는 우리를 부끄럽다 하지 않으십니다.

어떤 사람은 괴로운 시기에 차라리 도망쳐버리는 게 쉽겠다고 말합니다. 엘리야 선지자는 바알 선지자와 대결해 역사적 승리를 거두고 나서 바로 광야로 달려갔고 로뎀나무 그늘 아래에서 죽기를 청했습니다.왕상 19장 지지와 보살핌이 간절했던 엘리야는 제자 엘리사에게, 또는 이세벨 여왕의 손아귀로부터 자신이 건져 준 예언자들에게 갔을 수도 있었습니다. 하지만 그렇게 하지 않고 혼자 숨어 들어가기로 합니다. 때때로 흑암의 밤을 맞을 때 하나님과의 소통을 반드시 해야 하는 것처럼 다른 이와도 소통을 해야 합니다.

　하나님이 저를 열방으로 이끄시며 그곳에서 가족같이 소중한 사람들을 만나게 해주신 섭리를 돌아볼 때, 위대하고 강하신 하나님께서 '작은 나'를 정말 소중하게 생각하신다는 사실에 그저 놀라울 따름입니다. 수술 후 휴대폰을 켜면 수백 통의 메시지가 쏟아집니다. 지금도 여전히 세계 각지에서 격려해주는 메시지를 받고 있습니다. 격려의 메시지를 읽을 때면 제 처지에 상관없이 근원되신 하나님과 연결되어 있다는 것을 느낍니다. 암이나 에이즈, 폭력, 버림받음, 이혼, 배척, 증오에 가득 찬 범죄 등 그 어떤 끔찍한 일도 하나님을 놀라게 할 수 없습니다. 하나님은 하나님이시며 엉망진창이 된 우리를 돌보십니다. 근원되신 이와 소통할 때 우리는 슬픔과 고통에 마주할 힘을 얻게 될 것입니다.

1. 하나님께 고난을 이야기해본 적이 있으신가요? 없다면 어떤 이유였나요? 이야기해본 적이 있다면 하나님께 어떤 기분, 어떤 기대를 하며 이야기했나요? 그 기대 이면에 하나님에 대한 어떤 믿음이 있었나요?

2. '내 심정과 아픔을 하나님께 이야기할 때'의 모습과 '하나님께서 내 갈망을 들어주시기 바랄 때'의 모습이 같나요? 같다면, 또는 같지 않다면 어떤 이유에서 그런가요?

3. 하나님께 기도하는 마음으로 로마서 8장 18~38절을 읽어보세요. 우리 일을 하나님께 맡겨드릴 때 하나님은 어떤 소망을 주시나요?

독일 바트뒤르크하임, 2017

5장

동행

나 혼자서는 세상을 바꿀 수 없지만, 돌 하나를 강물에
던져 잔물결을 많이 일으키게 할 수는 있습니다.

마더 테레사 (Mother Teresa)

같이 있어 주는 사역

예수님은 깊은 고뇌 중에서 가장 아끼는 제자인 베드로와 야고보, 요한과 함께 계셨습니다. 물론 이 세 제자는 잠들어버렸습니다. 그래도 어찌 되었든 베드로와 야고보, 요한은 예수님과 함께 있었습니다. 이들은 당시 무슨 일이 일어나고 있었는지 그리고 앞으로 어떤 일이 닥칠지 전혀 알지 못했고, 밤새 깨어 기도할 힘도 없었습니다. 어쨌든 메시아가 가장 연약했던 순간에 함께 있었습니다. 본인들도 모르는 사이에 예수님의 동행이 되었던 것이지요. 하지만 제자 셋은 예수님과 함께 깨어 있지 못했습니다.

이 장면은 제자들을 정죄하기 위한 장면도 아니고, 인

간 개입의 한계를 보여주는 장면도 아닙니다. 제자들의 체력과 상황 판단력에 한계가 있는 모습을 보여주면서, 인간의 최선만으로는 충분하지 않다는 것을 설명하는 장면이 아니었을까요? 이 성경 구절에 대해 저희 교회의 로저 대니얼 목사님은 다음과 같이 따뜻한 통찰을 나누었습니다.

"친구는 겟세마네 동산에 동행해줄 수 있지만, 밤새도록 우는 동안 함께 깨어 있기란 힘든 법입니다."

같이 있어 주는 사역이 가끔은 이른 새벽이나 늦은 밤에 드리는 천 번의 기도보다 더 의미있고 중요할 수 있습니다. 예수님이 가장 가까운 사람 세 명만 데리고 가시는 모습을 보아도 고난 중에 있을 때 꼭 많은 사람과 아픔을 나눌 필요는 없다는 걸 알게 됩니다. 여러분이 가장 연약할 때 그 모습을 누구와 함께 나눌 것인지, 몇 명에게 보여줄 것인지 생각해본다는 게 같이 있어 주는 사역의 미학이 아닐까요? 마태복음 26장 37~45절을 읽어보겠습니다.

> 베드로와 세베대의 두 아들을 데리고 가실새 고민하고 슬퍼하사 이에 말씀하시되 내 마음이 매우 고민하여 죽게 되었으니 너희는 여기 머물러 나와 함

께 깨어 있으라 하시고 조금 나아가사 얼굴을 땅에
대시고 엎드려 기도하여 이르시되 내 아버지여 만일
할 만하시거든 이 잔을 내게서 지나가게 하옵소서
그러나 나의 원대로 마시옵고 아버지의 원대로 하옵
소서 하시고 제자들에게 오사 그 자는 것을 보시고
베드로에게 말씀하시되 너희가 나와 함께 한 시간
도 이렇게 깨어 있을 수 없더냐 시험에 들지 않게 깨
어 기도하라 마음에는 원이로되 육신이 약하도다 하
시고 다시 두 번째 나아가 기도하여 이르시되 내 아
버지여 만일 내가 마시지 않고는 이 잔이 내게서 지
나갈 수 없거든 아버지의 원대로 되기를 원하나이다
하시고 다시 오사 보신즉 그들이 자니 이는 그들의
눈이 피곤함일러라 또 그들을 두시고 나아가 세 번
째 같은 말씀으로 기도하신 후 이에 제자들에게 오
사 이르시되 이제는 자고 쉬라 보라 때가 가까이 왔
으니 인자가 죄인의 손에 팔리느니라 – 마 26:37~45

예수님을 따라다닌 지 삼 년 차였던 제자들은 평소에도
예수님이 기도하러 자리를 비우시는 모습에 익숙했을 것입니다. 제자들은 '여기 머물러 나와 함께 깨어 있으라'는 예수님의 말씀에 그리 놀라지 않았을 겁니다. 저는 가끔씩 예수님께서 '나의 원대로 마시옵고 아버지의 원대로 하옵소서'라는 기도를 하실 때 제자들에게 눈길을 주셨을지 궁금합니다.

메시아가 이 기도를 올리신 것은 자기 자신을 위해서가 아니라 자신이 사랑하는 이들을 위해서였습니다.^{막 10:45} 예수님은 제자들 뿐 아니라 제자들의 제자들, 그리고 마침내는 온 세상을 위해 고난의 잔을 마시기로 했습니다. 이런 점에서 같이 있어주는 사역은 내가 어려움에 처한 사람과 같이 있어주는 것뿐만 아니라, 내가 어려울 때 나와 같이 있어주는 사람과 함께 있는 것 또한 의미합니다.

저희 아버지가 돌아가셨을 때 제 안에 큰 덩어리 하나가 갑자기 찢겨 나가는 것 같았습니다. 굳건했던 신앙 속으로 혼란과 의심이 파고들기 시작했고, 속이 텅 빈 것 같았습니다. 온전한 상태가 아니었죠. 능치 못하신 일이 전혀 없으신 하나님께 아버지의 병 정도는 쉬우리라 생각했습니다. 아버지를 잃으리라고는 상상도 못했어요.

그렇게 이 년 넘게 광야 같은 시간을 보냈습니다. 너무 힘들었고, 제 신앙이 부스러기가 되어 서서히 떨어져 나가는 모습을 지켜 볼 수 밖에 없었습니다.

아버지가 돌아가시고 해가 바뀌었는데, 마치 아버지가 돌아가셨다는 소식을 처음 들은 날처럼 제 마음이 낙심해 있다는 걸 깨닫고서 놀랐습니다. 솔직히 광야의 시간을 지나며 드는 모든 생각과 느낌이 너무 싫었습니다. 하나님께 아버지 생각을 이제 그만하게 해달라고, 더이상 눈물 흘릴 일 없이 저도 숨 좀 쉬게 해달라는 기도를 수없이 했습니다.

가장 연약했을 때 아반떼 팀에게 기도를 부탁했습니다. 몇 년 동안 아반떼 프로그램을 운영하면서 슬픔이 조금씩 가시고 있었습니다. 극심한 대가뭄 중에서 희망의 구름 한 조각을 보는 것 같았습니다. '이게 뭐지?' 반복해서 자신에게 물어보았습니다. '드디어 광야에서 풀려나는 건가? 이제 약속의 땅으로 움직이는 건가?' 공동체에게 저의 연약함을 드러낸 이후로 뭔가 새로워졌습니다. 그것이 바로 상처가 아무는 시작점이 되었습니다. 이와 같은 치유가 여러분에게도 일어나리라 온전히 믿습니다.

프랜시스 챈의 저서『잊혀진 하나님: 잊고 있던 성령님 다시 찾기』Forgotten God: Reversing our Tragic Neglect of The Holy

Spirit에서 교회에 갓 나온 청년의 이야기가 나옵니다. 세상에서 닳고 닳은 흔적이 얼굴에 고스란히 남아있는 이 젊은이는 알고 보니 폭력 조직에 몸 담았던 사람이었습니다. 젊은이가 얼마간 교회에 출석하다가 어느 순간부터 교회에서 보이지 않게 되었습니다. 궁금해진 챈 목사님은 심방을 갔고, 그간 무슨 일이 있었는지 물었습니다. 젊은이가 대답합니다.

"조직 안에 있으면 조직원이 아닌 식구로 대해줘요. 한 식구로 받아주고 절 위해서라면 죽기도 각오하죠. 그런데 교회는 그렇지 않더라구요." [08]

자기를 품어주는 공동체가 교회가 아닌 폭력 조직이었다는 젊은이의 대답에 프랜시스 챈 목사님의 마음은 찢어질 듯 아팠다고 합니다. 고난 중에 있는 사람도 마찬가지입니다. 환자 취급이 아닌 식구로 받아들여지고 싶어하지요. 공동체 안에서 귀한 지체로서 여겨지기를 바랍니다. 슬픔을 겪어본 사람은 치유하는 힘이 사람들과 함께 울고 웃는 데에 있다는 사실을 압니다.

---

08 Francis Chan, *Forgotten God*, Colorado Springs: David C. Cook, 2009, 152.

공동체 안에서 일어나는 치유의 능력을 평가절하하지 않으시길 바랍니다. 연약함과 고난 중에 있는 당신을 품어줄 공동체, 당신이 오 리를 가자고 할 때 십 리를 동행해줄 공동체를 찾아보세요. 공동체 안에서 맺어진 관계를 통해 광야 생활이 견딜 만해질 것입니다. 하나님께서는 의도적으로 이스라엘 백성이 서로 가까이 할 수 밖에 없는 장소, 즉 광야 길로 여정을 설계하셨습니다.

이스라엘 아이들은 시간이 흐르고 자라면서 할아버지와 아버지 세대의 죽음을 지켜보았습니다. 다른 민족과 달리 그들은 배고픔과 목마름, 상처, 고립의 상황에 있었습니다. 때론 새로운 생명의 탄생을 마주하고 승리와 기쁨을 맛보았습니다. 이스라엘 아이들은 삶의 고비를 넘길 때마다 힘겨운 질문을 던졌고, 그러면서 성장했습니다. 그들은 힘들 때 기대어 올 수 있는 어깨, 어려울 때 안아줄 팔이 공동체 안에 있다는 사실을 알아갔습니다.

슬픔을 겪는 사람들은 대체로 내성적이 됩니다. 하나님을 올려다보기보다 자기 상태에 몰두하게 되어서 다른 이들에게서 떨어진 채로 지낼 때가 많습니다.

자아를 내려놓고 하나님께 맡겨드리자, 하나님이 제 주

변과 다른 이들의 삶에 행하시는 일이 훨씬 더 잘 보이기 시작했습니다.

평소 생각과 대화에 불평이나 의심이 많지는 않나요? 고난 전과 후를 비교하며 '이렇게 되었어야 하는데…', '저렇게 되었어야 하는데…'라는 말을 늘어놓지는 않나요? 제가 많이 경험해보아서 잘 압니다. 만약 방심하면 이런 행동이 자아를 팽창시키게 되고 결국 팽창한 자아가 자기 자신을 삼키게 되지요.

고난의 계절 어느 순간부터 제가 기도하는 거라곤 오로지 '나, 나, 나'에 관한 내용 밖에 없었습니다. 가족도 저 못지 않게 힘든 시기를 보내고 있었지만 제 기도 속에 가족이라고는 없었습니다. 입원해 있는 동안 어머니는 매일 밤 옆에서 주무셨고 퇴원 후에는 친정으로 데려와 두 달 동안 간호를 해주셨습니다. 수술 후 저를 씻어 주시면서 어머니도 울고 저도 울었습니다. 병마가 제 몸을 할퀸 후에 남긴 수술 자국과 멍을 보면서 '어떻게 그 모진 시간을 견디고 살아남을 수 있었을까?', '수술 자국 몇 군데는 드러날 수 밖에 없겠구나. 내 남은 생애 동안 망가진 몸에 적응하며 살아야 하겠구나.' 이러저런 생각이 들었습니다. 어머니는 사나은 풍랑 속에서 떠내려가지 않도록 붙잡아주는 닻이 되셨습니다.

남편과 두 아들도 반석처럼 제 곁에서 기다려주고 격려해주었습니다. 사실 저희 식구도 저 만큼이나 관심이 필요하다는 것을 잘 알고 있었습니다. 남편과 두 아들은 불필요한 스트레스를 주지 않으려고 매우 조심스레 행동했습니다. 그런 식구들에게 '모든 게 다 잘 될 거야'라는 안심을 시켜주고 싶어서 제 건강 상태에 대한 부정적인 이야기를 하지 않으려 애썼습니다. 하나님께 저를 강건하게 해달라고 구했습니다. 제 존재와 상태가 주변 사람들에게 영향을 미친다는 사실을 인지했기에, 겸손하게 하루 하루를 살아갈 수 있게 도와달라고 하나님께 기도 드렸습니다.

투병하는 동안 남편과 두 아들의 스트레스 대처법이 서로 비슷하지는 않았습니다. 가끔은 한 발짝 뒤로 물러나 있기도 하고, 도피할 때도 있었고, 자신의 감정을 숨기는 등 힘든 시기를 저마다 다른 방식으로 보냈습니다.

이렇듯 사람들은 사랑하는 이가 아파하는 모습을 지켜볼 때 그 슬픔에 어떻게 대처할지 막막해하는 경우가 있습니다. 우리가 괴로워할 때 우리를 사랑하는 이들도 함께 괴로워한다는 사실을 기억해야 합니다.

여러분의 눈물 한 방울, 말 한 마디에는 무언가가 담겨 있습니다. 고난이 주변 사람들에게 영향을 끼친다는 점을 생각할 때, 고난을 제자 훈련의 도구로 사용해봅시다. 예전보다 더 너그러운 태도와 따뜻한 마음씨로 주변 사람들을 대해보세요. 여러분의 감정과 생각을 더 솔직하게 표현하고 슬픔을 나누어보세요.

대체로 고난의 여정에 있는 사람들은 사랑하는 이에게 걱정을 끼치고 싶지 않아서, 동정받고 싶지 않아서, 무능한 사람으로 (또는 예전만하지 못한 사람으로) 여겨지고 싶지 않다는 이유로 사랑하는 이에게서 멀어지거나 거리를 유지한 채 걷는 경향이 있습니다. 조심하지 않으면 자기 처지를 비관하다가 사랑하는 이에게 역정을 낼 수도 있을 것입니다. 이런 실수를 하지 않기 위해 은혜를 받은 만큼 다른 이들에게 은혜를 베풀어 보세요.

슬픔 나누기

허프포스트Huffpost의 기고가 에린 코리얼Erin Coriell은 자신의 블로그에 「공동체 안에서 울기」Grieving in Community라는 제

목으로 공동체 안에서 슬픔을 나누는 것에 대해 말합니다.

"슬픔을 공동체 안에서 다루는 것은 세계 다양한 토속 문화를 보아도 알 수 있습니다. 토속 종교에는 사람이 죽었을 때 공동체가 함께 슬피 우는 행위로 공동체를 규합했던 흔적이 남아있습니다. 마야 문명에서는 사람이 죽었을 때 구성원에게 사람들 앞에서 슬퍼하고 목놓아 애곡할 수 있게 했습니다. 마틴 프렉텔Martin Prechtel이라는 작가는 슬퍼하는 행위가 아무리 정신없어 보이고 부적절해 보이며 엉성하고 시끄럽다 할지라도, 슬픔은 들을 가치가 있는 하나의 시와 같다고 묘사했습니다. 슬픔을 공동체 차원에서 다루는 중요성에 대해 지구촌 사람들이 알 필요가 있습니다.

제가 지독한 슬픔에서 빠져나올 수 있었던 것도 주위 사람들이 저를 지지해 준 덕분이었습니다. 슬픔에 대한 '즉효약'을 아는 이는 아무도 없고, 슬픔에서 헤어나올 '방법을 안다'고 자부할 사람은 더더욱 없으나, 기꺼이 경청해 줄 사람들은 많이 있습니다.

사랑하는 친구를 잃고 나서 한 달 뒤, 지역 호스피스 병원으로부터 애도 카드 한 장을 받았습니다. 카드를 펼쳐보니 제가 만나본 적도 들어본 적도 없는 사람 열댓 명이 쓴 글이 적혀 있었습니다. 누군가가 제 슬픔을 알아주며 가슴 깊이 사랑했던 이를 함께 추모해 준다는 것에 감사했습니다. 이렇듯 슬픔을 함께 나누면 변화가 일어납니다. 자신의 슬픔을 사람들이 알아준다는 것을 느낄 때 변화가 일어나는 것입니다. 마틴 프렉텔의 말처럼 슬픔이란 들을 가치가 있는 시와 같기에 지붕 위에 올라가 소리쳐 표현해도 됩니다." [09]

저는 가는 곳마다 병원 신세를 져야 했습니다. 그때 마다 세계 곳곳에 있는 사람들이 문자와 이메일을 보내주었습니다. 몸은 좀 어떤지 물어봐주고, 기도해주고, 제게 꼭 필요한 성경 구절이나 좋은 문구와 기도문을 보내주었습니다. 저는 여전히 이 같은 메시지와 카드를 많이 받고 있습니다. 심지어 제가 아직 가본 적 없는 나라에서도 저를 위

09 Erin Coriell, "*Grieving in Community*," Huffpost.com, March 4, 2018.

해 기도해주는 사람이 있다니 감사할 따름입니다.

점점 더 나빠지는 상황에 처한 사람에게 필요한 것은 격려와 응원이지 판단과 훈계가 아닙니다. 곁을 지켜주고 밤새 말없이 손잡아줄 수 있는 사람, 잠들 때까지 책을 읽어주거나 노래를 불러줄 수 있는 사람. 이처럼 '같이 있어주기'의 사역이 무엇인지 아는 사람은 소중한 사람입니다.

언어가 잘 통하지 않는 사역지에서 병원 업무를 봐야 할 남편을 위해 시간을 내어 병원 이곳 저곳을 동행해주는 사람이 그런 사람이겠지요. 꽃과 예쁜 물건을 들고 병문안 오는 친구 뿐 아니라 일상적인 활동을 하지 못하고 있는 저를 위해 저희 가족을 잘 보살펴준 친구도 그런 사람이었습니다. 이런 분들의 인정과 따뜻함을 통해 좋을 때나 나쁠 때나 변함없이 형제애·가족애를 나눈다는 게 어떤 의미인지를 체험할 수 있었습니다. 특히 고난에 처한 사람의 입장에서 세심하게 돌보아 주는 친구와 가족이 있다는 게 얼마나 아름다운 선물인지요.

독일에서 사역하던 중 예전에 수술 받았던 우회로가 내려앉아서 일주일 동안 병원에 있었습니다. 미국으로 돌아오자 관상동맥이 막혀 심장마비 증세가 왔고 다시 입원해야 했습니다. 회복이 잘 이루어지고 있다고 생각했는데 설명할 수 없을 정도로 빠르게 악화되니 심란하고 절박해졌습니다. 외롭고 뭔가 모를 패배감이 들었습니다. 그때 친언니가 미국 조지아주 뷰포드까지 와주어 제 남편이 아반떼 제자훈련 프로그램을 계속 이끌 수 있도록 병원에서 저를 간병해주었습니다.

교회 성도들은 저희 식구의 끼니를 챙겨주었고, 한 성도는 은행 계좌를 개설해 저희를 위한 모금 활동을 하여 점점 쌓이는 병원비를 도와주었습니다. 많은 사람들이 병문안을 해주었고 힘을 주는 메시지를 전해주었습니다.

어떤 친구는 제가 퇴원하는 날, 병원으로 찾아와 집으로 데려다 주었습니다. 들어가보니 집이 깨끗하고 안락한 공간이 되어 있었습니다. 그날 밤 친구들과 깔깔 웃으며 이야기 꽃을 피우다가 문득 제가 슬픔을 잊고 있었음을 느꼈습니다. 앞으로 몸 상태가 어떻게 될지, 소망이 얼마나 고갈되었는지는 전혀 생각하지 않았습니다. 마치 새벽빛이 밝아오는 것 같았습니다. 친구들은 병을 앓고 있는 내가 아닌 나의 존재 자체가 소중하다는 것을 깨닫게 해주었고 그런 소중한 친구들과 함께 있어서 그저 행복했습니다.

나와 함께 인생을 사는 사람보다 더 큰 위안은 없다.

세상에 있는 모든 금을 다 준다 해도 바꾸지 않을 정도였습니다.

고통에 대한 단계적 해결책이나 삶의 무게를 덜어줄 해답을 드리면 좋으련만, 경험에서 터득한 내용이 제가 드릴 수 있는 전부입니다. 고통을 극복하는 데 가장 도움이 되어준 한 가지를 꼽으라면 한결같이 신실하게 저를 사랑해주는 이들과 함께 피난처를 찾는 것입니다. 번지르르한 말을 해주는 사람이나 맞는 길을 가르쳐주겠노라고 말하는 사람, 슬픔과 관련된 말씀 구절을 건조하게 인용하는 사람을 뜻하는 게 아닙니다. 내가 망가져 있어도 나를 판단하지 않을 신실한 격려자들과 가까이 있는 것을 뜻합니다. 뒤탈 걱정 없이도 여러분의 연약함을 드러내고 나눌 수 있는 좋은 공동체를 찾아보세요. 상처는 시간이 지나면 아문다는 사실을 기억하며, 다시 숨 쉬고 웃는 여러분의 모습을 되찾아보세요. 공동체 안에서 잘 보낸 시간은 심령에 양약이 된답니다. 나와 함께 인생을 사는 사람들을 알아가고, 그 사람들도 여러분을 알아가는 것보다 더 큰 위안은 없습니다. 괴로움은 모든 사람에게 찾아오기 마련이지만, 그 어떤 사람도 홀로 괴로워해야 할 이유는 없기 때문입니다.

디즈니 애니메이션 〈위니 더 푸의 모험〉The Adventures of Winnie the Pooh에 나오는 비관적이고 우울한 당나귀 '이욜'을 생각해보세요. 꼬리가 언제나 축 처지다가 떨어져버려서 자조적이고 불평하는, 행복할 겨를이 없는 캐릭터입니다. 그렇지만 이욜은 친구들 안에서 관심을 못받는 것도 아니고 모자라거나 별 볼 일 없는 존재도 아닙니다. 공동체 안에서 친구들과 같이 놀면서 사랑받고 있는 존재입니다. 이욜을 보면서 흥미로웠던 점은, 나뭇가지로 만든 집이 무너지고 꼬리가 자꾸 떨어져서 우울하고 불행하다 느끼더라도, 이율은 친구들과 함께 있는 것을 소중히 여긴다는 것입니다. 친구들 사이에서 이율의 지혜가 빛을 발하는 모습을 우리는 봅니다. 이율은 친구들 사이에 있으면서 더욱 소중한 존재가 되어간다고 생각합니다. 이율은 사랑받고 있고, 자기가 사랑받는다는 걸 알고 있습니다. 자신이 중요치 않고 보잘 것 없으며 망가진 것처럼 느껴질 때, 여러분을 사랑하고 받아주는 공동체가 있음을 기억해보세요.

생각해보기

1. 고난 중에 있을 때 당신의 연약한 모습을 보일 수 있는 든든한 공동체를 발견했나요? 만약 그렇지 않다면 어떤 점이 걸림돌이었나요?

2. 슬프고 괴로워할 때 당신을 따뜻하게 대해주었던 사람에게 고마운 마음을 표한 적이 있나요? 어떻게 표현했나요? 만일 표현해본 적이 없다면 어떻게 표현할 생각인가요?

3. 앞서 언급한 것처럼 고난 중에 있는 사람에게 어떻게 격려해줄지 모를 때가 있습니다. 당신의 시선을 격려하고 싶은 사람에게 두고, 이야기 나누기 위한 질문 다섯 가지를 생각해보세요.

독일 엘바크씨 호수, 2017

6장

믿음

사람들이 잘 모르는 영적 법칙이 있다. 자신이 말한 고백이 자신을 지배한다는 것이다. 우리 내면을 실제로 지배하는 것은 입술로 고백한 내용이다.

F. F. 보스워스 (F. F. Bosworth)

고난 아뢰기

겟세마네 동산에서의 그리스도는 비밀의 정원을 거닐며 고난을 피할 수 있는 묘약을 찾아다니지도 않았고, 절망스러운 심정을 숨기지도 않으셨습니다. 그곳에서는 인간의 몸을 입고 오신 예수님이 아버지 하나님에게 모든 심정을 토해내고 있었습니다. 이 장면은 마치 예수님 앞에서 향유 옥합을 깨뜨린 여인의 모습과 매우 비슷합니다.

한 바리새인이 예수께 자기와 함께 잡수시기를 청하니 이에 바리새인의 집에 들어가 앉으셨을 때에 그 동네에 죄를 지은 한 여자가 있어 예수께서 바리새

인의 집에 앉아 계심을 알고 향유 담은 옥합을 가지

고 와서 예수의 뒤로 그 발 곁에 서서 울며 눈물로

그 발을 적시고 자기 머리털로 닦고 그 발에 입맞추

고 향유를 부으니 – 눅 7:36~38

자신이 깨어진 존재라는 사실을 알았던 이 여인은 고통
의 무게에 휘청이면서도, 이 집이 누구의 집인지, 예수님
옆에 앉은 이들이 어떤 이들인지 개의치 않고, 자신의 주인
되시는 분 앞에 나아와 모든 것을 쏟았습니다. 예수님의 존
재 자체가 여인에게는 확신이었고, 그녀의 행동은 회개의
몸부림이었습니다. 말 한 마디 없었지만 여인에게는 확고
한 믿음이 있었습니다. 괴로운 처지에도 불구하고 예수님
께 겸손하게 나아가는 모습을 주님이 알아주시리라는 확신
이었습니다. 그 확신이 있었기에 여인은 심정을 내어놓을
수 있었습니다.

마가복음 14장 36절을 읽으면 겟세마네 동산 안에서
부르짖는 예수님의 음성이 들립니다.

"아빠 아버지여 아버지께는 모든 것이 가능하오니 이
잔을 내게서 옮기시옵소서!"

예수님의 고뇌가 느껴지시나요? 그 절규의 무게가 느껴지시나요? 이 모습은 신이라기보다 내면이 철저히 무너진 사람의 모습입니다. 이처럼 그리스도의 수난은 십자가의 고통이 시작되기 전에 하나님 아버지께 아뢸 때부터 시작되었습니다.

"이 잔을 내게서 옮기시옵소서!"

이 대목에서 그리스도가 하나님 아버지께 말하지 못할 게 없었다는 점을 주목해 봅니다. 예수님은 센 척도 하지 않으셨고 자신이 모든 걸 통제하는 척도 하지 않으셨습니다. 자신의 신성을 근거 삼아 머뭇거리지도 않으셨습니다.

예수님께서는 희미한 달빛만이 이마를 비추는 밤에 차가운 땅바닥에 엎드리어 피 토하는 심정으로 자신의 인간적인 모습을 남김없이 쏟으셨습니다. 예수님은 구유에 뉘이신 아기셨고 성전에서 교사들 사이에 있었던 아이였습니다. 그는 누군가의 아들이었으며, 누군가의 형제이자 친구였습니다. 이제 예수님은 이 땅에 온 목적을 이행하는 인간이십니다. 메시아의 전 생애가 이 선택의 순간을 향해 달려왔기에, 이 순간을 안고 가기를 서슴지 않으십니다. 이 장면이야말로 그리스도의 인간적인 모습이 적나라하게 드러난 장면이라 할 수 있습니다.

그리스도는 하나님이셨기 때문에 세상을 구원하기 위한 고난과 죽음의 기로에서 아무런 고민을 하지 않으셨을 거라 말하는 사람도 있습니다. 그러나 성경이 그날 감람산에서 있었던 일을 우리에게 충실하게 보여주고 있다면, 메시아는 우리의 생각과 전혀 다른 행동을 했다는 것을 알 수 있습니다. 세상은 그에게 막강한 임금이 되어주기를 바랐지만 그는 세상의 요구를 저버리고 고뇌 속에서 고난의 잔을 마십니다. 세상의 강한 임금들은 임금이라는 체면 때문에 자신의 두려움과 불안을 숨깁니다. 부하에게 자신의 괴로움을 터놓는 법이 없습니다. 대신에 그들은 위엄있는 갑옷을 입고서 수종드는 신하를 거느리고 다니며 자신이 모든 것을 장악하고 있음을 연출합니다. 사람들이 바라는 임금의 모습을 하고 있지요.

반면, 예수님은 전혀 다른 임금이셨습니다. 모든 면에서 사람들의 기대를 뛰어넘는 분이셨지요. 심지어 그가 받으신 고난 마저도 우리의 가슴이 미어질 만큼 전혀 다른 것이었습니다. 예수님은 체면을 차리거나 구색을 갖추려 하지 않으셨습니다. 피곤할 때 주무셨고, 배고플 때 드셨으며, 슬플 때 우셨습니다. 어떤 경우에는 화나고 무너지는 감정을 그대로 표현하셨습니다. 겟세마네 동산에서도 다를 바 없었습니다. 예수님께서는 걱정 중에도 그 자리에 우리를 초대하시어 고난을 잘 통과할 수 있는 비결을 가르쳐주셨습니다.

사람은 자신의 실체를 남이 알게 될까봐 삶의 문제나 고난을 남에게 보이기 수치스러워 하는 경향이 있습니다. 삶의 문제나 고난이 자신의 연약함이나 아직 다루어지지 않은 내면의 죄를 드러낼까봐, 아니면 하나님 아버지가 자신의 엉망인 상태를 가리키실까봐 두려워하기 때문입니다.

제 고난의 여정에서도 초조하고 낙심하며 매우 혼란스러웠던 시기가 있었습니다. 마음 한 켠에서 고난 중에 있는 사실을 다른 이들에게 나눌 수 없을 것 같다는 생각이 들었고, 심지어 하늘 아버지께도 제 불만을 말씀드리지 못하겠다는 마음이 들었습니다. 고난에 대해 그리스도께서 보여주신 방법과는 전혀 다르게 저는 겉으로 괜찮은 척을 하고 속으로는 깊은 바닥에 쓰러져 울부짖고 있었습니다.

슬픔의 계절을 지날 때 그 안에서도 여러 국면을 지납니다. 그러나 일련의 국면 중에 고백하는 행위는 잘 없는 것 같습니다. 모순적이게도 피할 수 없는 상황과 마주할 수 있는 용기는 고백하는 행위에서 나옵니다. 인생이 끝날 것만 같은 선택의 순간, 예를 들어 시한부 선고나 이혼, 실직, 사별 등에 맞닥뜨렸을 때, 괴로운데도 괴로워하지 않은 척하기란 매우 힘들지요. 스코틀랜드 속담에 이런 말이 있습니다.

"고백이 양약이다."

정말 맞는 말입니다. 성경 속에도 우울함과 괴로움에 빠져있었지만 마음을 털어놓고 소망을 되찾은 인물이 몇명 있습니다. 시편 119편 26절에서 다윗 왕은 이렇게 고백합니다.

내가 나의 행위를 아뢰매 주께서 내게 응답하셨사오
니 주의 율례들을 내게 가르치소서 – 시 119:26

마음을 터놓을 때 우리는 두려움을 비롯한 감정을 벗어버릴 수 있을 뿐 아니라 풍랑 중에도 평안을 얻을 수 있습니다. 게다가 공동체의 도움도 받을 수 있습니다. 에스라 10장 1절 말씀입니다.

에스라가 하나님의 성전 앞에 엎드려 울며 기도하
여 죄를 자복할 때에 많은 백성이 크게 통곡하매 이
스라엘 중에서 백성의 남녀와 어린아이의 큰 무리가
그 앞에 모인지라 – 스 10:1

고백은 확신에서부터

아반떼 팀이 뉴질랜드에서 사역하던 중, 저는 또 다시
병원으로 실려갔고 일주일 후에 병원을 옮겼습니다. 어느
날 밤, 간호사 선생님이 링거를 교체하러 병실에 들어왔습
니다. 매번 같은 증세 때문에 또 다시 입원하게 된 제 자신
을 보며 낙담과 슬픔에 빠져 있을 때였습니다. 그런 저를
간호사 선생님은 상냥하고 따뜻하게 대해주셨고, 저는 그
세심한 돌봄에 감사한 마음이 들었습니다. 간호사 선생님
은 채혈을 하고 여러 건강 수치를 확인하고서 병실을 나갔
는데, 곧바로 뒤돌아 들어오더니 제게 이렇게 말했습니다.

"결례를 범하려고 그러는 건 아니지만, 혹시 불편하시
다면 말씀주세요. 저는 예수님을 믿는 사람이고, 사모님이
병원에 오신 날부터 기도해드려야겠다는 생각이 들었어요.
하지만 그래도 될지 감히 묻기가 그렇더라구요. 환자들 중

내가 홀로 외로워서 마음이 무너질 때 누군가 널 위해 기도하네

에서 기도해드리겠다는 말을 불쾌하게 받아들이는 분이 많기는 하지만, 그래도 하나님께 순종해야 할 것 같아요."

그 말을 들은 저는 눈물이 그렁그렁 맺힌 채 대답했습니다.

"네. 절 위해 기도해주세요. 지금 저에게 필요한 건 기도 밖에 없어요."

간호사 선생님은 짧지만 은혜로운 기도를 해주었고, 그때서야 저는 다시 확신이 들었습니다. 하나님은 저를 모른 척하지 않으시고 고난에 처한 저를 너무나 잘 아신다는 확신이었습니다. 보지 못하고 느끼지 못해도, 하나님은 저를 아시고 신경쓰고 계십니다. 제가 할 일은 하나님을 믿기만 하면 되는 것입니다. 기도 후 간호사 선생님은 제 옆에 앉았고 그렇게 우리는 고통받는 이들에게 베푸시는 놀라운 하나님의 선하심과 긍휼하심을 이야기했습니다. 많이 낙심했었다고 털어놓았고, 그런 상태에 있는 환자가 저뿐만이 아니라고 안심시켜 주었습니다.

"건강한 사람도 그렇게 힘들어하는 걸요."

절망이 감사로 바뀌는 순간이었습니다.

고백은 우리 영혼에 유익합니다. 하늘 아버지가 우리에게 무엇을 내려주시든 간에 겸손하고 열린 자세로 그것을 받을 수 있도록 도와주기 때문입니다. 확신이 없으면 고백도 할 수 없습니다. 고백이 우리를 우리 자신으로부터 자유케 할지라도, 확고한 믿음에서부터 나온 진실한 대면이 있어야 고백도 가능합니다. 하지만 만사가 그렇듯이 상실이나 고난으로 인한 여러분의 내적 갈등을 고백할 때 조심해야 할 부분이 있습니다.

「온맘으로 사는 삶: 오프라와 브레네 브라운의 대담」The Wholehearted Life: Oprah Talks to Brené Brown의 한 대목에서 브라

운 교수가 이렇게 말합니다.

"연약함은 자기 이야기를 과하게 하는 게 아니고, 감정을 털어버리는 게 아니며, 무분별한 노출도 아니고, 유명인사가 소셜미디어에 신변잡기를 늘어놓는 방식도 아니다. 연약함이란 내게 있었던 일과 내 느낌을 들을 기회를 받은 사람들과 함께 나누는 것이다." [10]

---

10 Winfrey, Oprah. "*The Wholehearted Life: Oprah Talks To Brené Brown*." Oprah.com. https://www.oprah.com/spirit/brene-brown-interviewed-by-oprah-daring-greatly.

생각해보기

1. 고난 중에서 자신이 어떤 감정을 느끼는지 확신이
   들었던 적이 있나요? 만일 그렇다면 확신이 든 뒤
   어떤 행동을 했나요?

2. 하나님이나 다른 사람에게 터놓기 두려웠던 고난에
   직면했을 때 당신이 어떤 기분이 들었는지 모두 적
   어보세요.

3. 신뢰가 가는 친구에게 당신의 마음을 열고 진솔한
   감정을 나누는 것은 야고보서 5장 16절의 내용과도
   일맥상통합니다. 고백해보겠다는 다짐을 해보시겠
   어요? 만일 그렇게 다짐했다면 당신이 신뢰하는 친
   구의 이름과 하나님과 함께 이 다짐을 실행할 계획
   을 지금 기록해보세요. 만일 실행할 마음이 생기지
   않는다면 어떤 이유에서 그런가요?

대한민국 포항 호미곶, 2019

7장

긍정

말은 감정에 영향을 끼치고, 감정은 행동에 영향을 끼치
며, 행동은 관계에 영향을 끼치고, 관계와 행동은 운명에
영향을 끼칠 것이다. 그러니 부정적인 말을 바꾸자!

윌슨 모랄레스 박사 (Dr. Wilson Morales)

의미 찾기

겟세마네 동산에서 세 제자는 예수님이 기도하시는 내내 자지 않았다 하더라도 어쨌든 대부분 시간동안 잠들어 있었습니다. 그런 제자들도 고난당하시는 예수님의 모습에서 깨달은 바가 있었을까요? 한편 예수님은 잡히시고 나서부터 십자가에 달리시기까지 말을 거의 하지 않으셨습니다. 반면, 잡히시기 전 겟세마네 동산에서는 하시고 싶은 말씀이 무척 많으셨고, 그 말씀과 행동을 통해 고난에 처한 이들에게 소중한 가르침을 가르쳐 주셨습니다. 때가 차서 병사들이 예수님을 잡으러 겟세마네 동산으로 들이닥쳤고, 이에 세 제자는 맞서 싸우려 했습니다. 그 중에서도 베드로는 정말 베드로다웠습니다.

> 말씀하실 때에 한 무리가 오는데 열둘 중의 하나인
> 유다라 하는 자가 그들을 앞장서 와서 예수께 입을
> 맞추려고 가까이 하는지라 예수께서 이르시되 유다
> 야 네가 입맞춤으로 인자를 파느냐 하시니 그의 주
> 위 사람들이 그 된 일을 보고 여짜오되 주여 우리가
> 칼로 치리이까 하고 그 중의 한 사람이 대제사장의
> 종을 쳐 그 오른쪽 귀를 떨어뜨린지라 예수께서 일
> 러 이르시되 이것까지 참으라 하시고 그 귀를 만져
> 낫게 하시더라 – 눅 22:47~51

이 본문은 메시아와 세 제자, 대제사장의 종 모두의 인
생에 길이 남을 장면을 기록하고 있습니다. 그 소망없는 상
황 속에서도 예수님은 긍정의 사랑을 보여주셨습니다. 사
실 예수님이 대제사장의 종을 낫게 해주신다고 해서 나쁜
상황 자체가 사라지는 것은 아니었습니다. 생각해봅시다.
누가 그 기적의 수혜자였습니까? 바로 대제사장의 종이었
습니다. 예수님은 사건이 급박하게 돌아가는 그 순간에 고

침 받을 자격없는 자를 고쳐 주시려고 상황을 잠깐 멈춰 세우셨습니다. 그러나 예수님의 체포와 십자가 사형은 변함 없이 진행되었습니다. 예수님의 선행으로 인해 결과가 바뀌는 일은 생기지 않았지만 예수님이 자신을 내어주려 하셨던 이유는 더 명확해졌습니다. 이와 같이 긍정성은 여러분 주위에 영향을 미칠 뿐 아니라 깨지고 부러진 것을 고쳐줍니다. 저도 당신도 고침 받을 수 있습니다. 깨어지고 절망 가운데 있는 사람에게 긍정성은 양약이 됩니다.

『의미 찾기: 슬픔의 여섯 단계』Finding Meaning: The Sixth Stage of Grief의 저자 데이비드 케슬러David Kessler가 말합니다.

"사람은 사별을 겪으면 '현실 부정−분노−타협−우울−수용'이라는 일련의 과정을 지나게 된다. 이 다섯 단계는 슬픔에 젖은 사람에게 자신의 감정을 파악할 수 있는 틀을 제공해준다. 하지만 이 다섯 단계가 순서대로 진행되는 것은 아니다. 어떤 사람은 다섯 단계 중 일부만 거칠 수 있고 어떤 사람은 이 다섯 단계를 순서대로 거치지 않을 수도 있다."[11]

케슬러는 다섯 단계에 이은 여섯 번째 단계로 '의미 찾기'를 소개하며, 스물한 살 아들을 잃어버려 슬픔에 빠졌을 때 의미 찾기를 통해 큰 도움을 받았다고 말하고 있습니다. 의미를 찾아가는 과정을 통해 사별의 아픔을 묻어버리기보다 먼저 떠난 보낸 이를 기릴 때 자신의 인생을 계속해서 앞으로 나아가게 할 수 있다고 말합니다. 이 글을 읽었을 때 이런 생각이 들었습니다. '이렇게 엉망진창 속에서 어떻게 의미를 찾으라는 거야?'

지난 사 년 동안 저는 이 고난의 여정 한가운데에서도 하나님을 찾는 마음을 회복하려고 애썼습니다. 하지만 솔직히 하나님이 어떤 분이신지 종잡을 수 없을 때가 많았고, 의문이 수백 가지는 되었습니다. '이게 다 뭘 위한 거라는 말인가?', '다음에는 또 뭐지?', '절 고쳐주시기는 할 건가요?', '저를 끝까지 사랑하시는 건가요?' 감동할 때보다 혼란스러울 때가 더 많았습니다. 물론 하나님이 제 안

---

11 David Kessler, *Finding Meaning: The Sixth Stage of Grief*, New York: Scribner, 2019.

에 역사하시고 그 역사하심이 여전히 진행형이라는 사실을 알고 있었습니다. 고난 속에 하나님의 뜻이 있고, 그 뜻을 제게 알려주시는 것도 하나님의 뜻에 달려있다는 것을 머리로 이해하고 있었습니다. 그렇지만 그게 오늘날 제게 무슨 도움이 될까요? 첫 번째 심장마비 때부터 지금까지, 수술과 증세 악화로 점철된 제 고난의 여정을 뒤돌아보면, 버려진 기분이 들 때가 많았습니다. 사실은 그렇지 않다는 걸 알면서도 말입니다. 사랑받지 못하는 느낌이 들 때도 있었습니다. 하나님이 저를 사랑하시고 제 인생 사소한 부분까지 돌보신다는 걸 알면서도 말입니다. 하나님이 세심하게 간섭해주시는 분임을 압니다. 그렇지만 몸이 힘들어지거나 건강이 더 뚜렷하게 악화될 때면, 상황을 제대로 보기가 힘들었습니다. 내 인생을 향한 하나님의 계획하심과 예정하심을 이루어가는 길에 왜 이렇게 험난한 부분이 있어야 하는지 도무지 이해할 수 없었습니다.

'여기서 어떻게 앞으로 나아갈 수 있다는 말인가?', '다음은 또 뭡니까 하나님?' 마음 속에서 끈질기게 괴롭혔던 질문들을 당신도 공감하리라 생각합니다. 솔직히 말씀드려서 오늘날까지도 이런 질문들을 합니다. 사람들은 묻습니다.

"하나님이 사모님에게 어떤 일을 행하고 계시나요? 아니면 하나님이 뭐라고 하세요?"

저는 긍정적인 태도로 하나님의 계획을 신뢰하고 있다고 대답합니다. 그게 사실이기도 하고요. 하지만 어떨 때에는 마음 깊은 곳에서 이렇게 말할 때도 있습니다.

"하나님이 제게 아무 말씀도 하지 않으셔요."

하나님을 꽤 많이 사랑했습니다. 하지만 고난의 계절에 들어선 이후, 하나님이 이토록 침묵하신 적이 없었습니다. 여기저기서 오는 격려의 메시지를 통해 하나님의 음성을 듣기도 했지만, 망망대해에서 표류하는 저에게 뚜렷한 방향을 가리켜 주시지는 않았기에 끊임없이 익사의 위협에 시달렸습니다.

고난의 바다를 잘 통과할 수 있게 해주는 "지침서"가 있으면 좋겠습니다. 지침서에 적힌 내용대로 하면 고난도 지나가고 보상도 받을테니까요. 하지만 그런 지침서는 존재하지 않습니다. 오히려 짜증나게 하는 먹구름만 놓여있어서 시야가 뿌옇게 흐려지고 모든 게 가리워질 뿐이었습니다.

"왜 이런 일이 벌어진 건가요?"

이런 질문을 하나님께 던졌던 것은 아닙니다. 당신도

공감하시겠지만, 저는 이 모든 게 어디를 향하고 있는 건지 명쾌하게 알고 싶을 뿐이었습니다. 그래야지 공평하지 않겠어요?

울기도 하고 버럭 화내기를 반복하면서 꿈꿔 온 미래는 점점 빛이 바래지고 흑백으로 변해가고 있었습니다. 이런 일을 겪어야 하는 이유를 알고 싶었습니다. 하지만 막상 답을 알게 될까봐 두렵기도 했습니다. 우리는 답을 구하지만, 막상 답이 보이려고 하면 겁을 먹는 경향이 있습니다. 그래서 우리는 기적을 바랍니다. 기적이 일어나면 일련의 과정을 거칠 필요도 없고 자신을 알아가는 내면의 여정을 시작할 필요도 없기 때문입니다. 더 괴로워지기 전에 얼른 거기서 벗어나 승리감을 만끽하고 싶어하지요. 그러나 현실은 만만하지 않습니다. 심지어 건강한 사람도 그렇습니다.

긍정적으로 말하기

사람은 고난에 처하면 긍정적으로 생각하기가 어렵습니다. 국제적인 연사이자 수상 경력이 있는 작가인 제니퍼 리드 호손Jennifer Read Hawthorne에 따르면, 인간이 보통 하루에 하는 생각은 12,000개에서 60,000개 입니다. 연구에 따르면, 하루에 하는 생각 중에서 98퍼센트 정도는 전날에 이미 한 생각과 똑같다고 합니다. 인간이 습관의 존재임을 잘 보여주지요! 더 중요한 건 생각의 80퍼센트는 부정적인 생각이라고 합니다. 이러한 연구분야를 의학 용어로 '심리 신경면역학'이라고 일컫습니다. 이는 신체와 정신의 연결 관계 측면에서 시사하는 바가 큽니다. 당신은 이 연구 결과를 이미 경험을 통해 잘 알고 계실 겁니다. 몸이 피곤하면 머리도 잘 안 돌아가지요. 반대로, 하루 종일 신경 쓸 일이 생기면 몸도 역시 피곤해집니다.[12]

건강이 악화되면서부터 한 번도 겪어보지 못했던 불면 증을 앓게 되었습니다. 수면에 영향을 주는 요인은 근심하는 것에서부터 약 복용, 업무, 실내 온도까지 다양합니다. 밤새도록 기분이 축 처진 상태에서, 앞으로 펼쳐질 수도 있는 모든 끔찍한 경우를 상상하며 정신이 말똥말똥한 채 침대 위에 누워있었던 적이 셀 수 없이 많았습니다. 어느 때

---

12 Jennifer Read Hawthorne, "*Change Your Thoughts, Change Your World*," Words to Live By. https://www.jenniferhawthorne.com/ articles/change_your_thoughts.html.

부터인가 수면제, 잠 자는데 효능이 있다는 차 등을 의존하기 시작했습니다. 효과를 보지 못했습니다. 문제의 근원은 내 안에 있는데, 도움은 외부에서 찾고 있는 것 같이 느껴졌었지요.

수면제의 도움으로 잠을 청하는 사람을 이해하지 못한다는 게 아닙니다. 개인적으로 복용해야 되는 약이 더 늘어나는 게 내키지 않아서였습니다. 심장수술을 하고 나서 이삼 년 동안은 잠이 오지 않아도 수면제 없이 잠을 청해보려 노력했습니다. 병마와 싸운다는 건 몸뿐만 아니라 정신적으로도 치열한 싸움이었습니다. 밤이 되면 부정적인 생각 백만 가지가 마음을 점거했습니다. 내면의 목소리가 저를 향해 소리쳤습니다. '네 인생은 무가치하고 이미 망쳤어!'

여기서 더 나아가 자살 생각을 하며 분개, 분노, 외로움 등에 빠져버리면 우리 인생을 노리는 원수에게 완벽한 교두보를 내어주는 격이 됩니다. 밤에 잠을 잘 못 자는 이유도 이런 부정적인 생각과 싸웠기 때문이었습니다. 증세가 악화될 때마다 정신적인 추락을 거듭하며 하얗게 밤을 지새웠습니다. 잠을 자 보려 '양 한 마리, 양 두 마리…'를 세

보기도 했습니다. 기도도 하고, 책도 읽고, 따뜻한 음료도 마셔보았지만 어떠한 방법도 효과가 없었습니다. 그래서 사탄에 맞서 싸우는 방식을 바꿔보기로 다짐했습니다.

먼저 아침에 하던 운동을 저녁으로 바꾸었습니다. 샤워 후 침대에서 책을 읽으면서 마음을 긍정적인 생각으로 가다듬습니다. 좋아하는 성경 구절을 암송하며 스스로 사랑받는 존재임을 떠올립니다. 마치 하나님이 제 옆에 누워계신 것처럼 도란도란 이야기를 나눕니다. 이렇게 하다보니 머릿속에서 나누는 대화 내용이 사뭇 달라졌습니다. 부정적인 생각을 차단하려고 노력했고, 좋은 일만 생각했습니다. 하나님이 행하신 선한 일과 아직까지 지켜주신 사실에 감사드렸습니다. 그러자 어느새 먹구름이 걷혔고 밝은 빛이 비추기 시작했습니다. 밤을 보내기가 한결 나아졌습니다. 이처럼 긍정적인 생각은 자신이 무가치하다는 느낌, 외로움, 분개, 무기력함 등의 부정적인 기분 때문에 괴로워하는 이들에게 분명 위대한 무기가 됩니다.

우리의 시간을 부정적인 생각으로 보내서는 안 됩니다. 기쁨을 빼앗기고 말테니까요. 만약 우리가 자신의 연약함을 보는 데 정신이 팔린다거나, 놓아보내야 하는 것을 계속 붙잡고 있거나, 어떻게 손 쓸 방도가 없는 것에 대해 화내고 원망한다면, 우리 자신에게도 책임이 있는 것입니다. 상처를 받았거나 고통 중에 있을 때 조심하지 않는다면, 이기적이고 자기 매몰적인 사람이 될 지도 모릅니다.

"나 상처받았어."

"나 괴로워."

"거봐, 이게 뭐야?"

"아무도 날 돌아보지 않아."

"나는 소용없어."

"지금 누가 나를 찾아주겠어?"

모두 피해야 하는 생각입니다. 거짓과 가시돋힌 말 대신 자신을 격려하는 말을 해보세요.

관상동맥 우회술을 받은 후 집에 온 지 얼마 안 된 어느 날 아침, 심장이 끊어지는 듯한 통증에 깨어났습니다. 너무 아파서 울며 소리질렀고 패배감에 좌절했던 기억이 납니다. 울고 그치기를 반복하는 동안 자신에게 이렇게 말했습니다.

"베바야, 힘을 내. 넌 할 수 있어. 넌 이겨낼 수 있어."

당신도 비슷한 경험이 있으실 것 같습니다. 신앙심 속

으로 현실이라는 녀석이 비집고 들어오는 순간을. 그날 아침이 바로 그랬습니다. 남편이 기도를 해주며 성경 말씀을 들려주었습니다.

> 조약돌로 내 이들을 꺾으시고 재로 나를 덮으셨도다 주께서 내 심령이 평강에서 멀리 떠나게 하시니 내가 복을 내어버렸음이여 스스로 이르기를 나의 힘과 여호와께 대한 내 소망이 끊어졌다 하였도다 내 고초와 재난 곧 쑥과 담즙을 기억하소서 내 마음이 그것을 기억하고 내가 낙심이 되오나 이것을 내가 내 마음에 담아 두었더니 그것이 오히려 나의 소망이 되었사옴은 여호와의 인자와 긍휼이 무궁하시므로 우리가 진멸되지 아니함이니이다 이것들이 아침마다 새로우니 주의 성실하심이 크시도소이다 내 심령에 이르기를 여호와는 나의 기업이시니 그러므로 내가 그를 바라리라 하도다 기다리는 자들에게나 구하는 영혼들에게 여호와는 선하시도다 사람이 여호와의 구원을 바라고 잠잠히 기다림이 좋도다 – 애 3:16~26

이 말씀을 통해 여호와는 내 기업이시고, 여호와는 내 구원의 기쁨이심을 깨달았습니다. 하루하루를 살아갈 힘 주시는 이가 여호와이심을 기억하며 평강을 얻었습니다.

사람들마다 겪는 일이 다르고 어떤 이는 다른 이보다 더 굴곡진 인생을 살기도 합니다. 자신있게 말할 수 있는 것 두 가지가 있는데, 하나는 주님이 언제나 나와 함께 계셨다는 것이고, 다른 하나는 하나님이 제게 그렇게 하실 수 있다면 당신에게도 그렇게 하실 수 있는 분이라는 사실입니다. 제 앞길에 어떤 일이 놓여 있든 간에, 여호와를 즐거워함으로 힘을 얻어 생명을 따라가는 이 여정을 지속할 것입니다.

하나님은 어제도 계시고 오늘도 계시며 언제나 함께 하신다는 사실을 기억하면서, 강한 성루 되시는 하나님께 기댈 것이고 산 소망되시는 주님으로 제 삶을 채울 것입니다.

스스로에게 동기부여하기

앞서 '고통에 대한 단계적 해결책' 같은 건 가지고 있지 않다고 말씀드렸습니다. 그렇지만 고난 중에 스스로에게 동기부여할 수 있었던 노하우가 있어서 함께 나누고 싶습니다.

태어나면서부터 고난을 잘 통과하는 법을 아는 사람은 없습니다. 경험을 통해 터득하는 삶의 미학 중 하나가 고난입니다. 고난은 놀이기구처럼 즐겁게 탈 수 있는 게 결코 못되지요. 고난 중에도 꾸준히 힘을 얻고 스스로에게 격려해줄 수 있는 방법 일곱 가지를 살펴보겠습니다.

1. 자신이 괴로워한다는 사실을 받아들이세요.

현실을 부정하지 않고 인정해보세요. 당신이 처한 상황을 받아들일 때, 주체가 되어 앞으로 나아갈 수 있는 이성적인 판단을 할 수 있습니다.

2. 감정을 다스려보세요.

느껴지는 기분이나 감정을 무시해버리거나 처한 상황이 아무 상관없다는 듯이 행동하지 마세요. 당신의 감정은 실제로 일어나는 현상이고 중요합니다. 감정에 끌려다니기보다 선한 무언가를 위해 이용하거나 다스려보세요. 설령 다른 이의 도움에 의지해야 하더라도 그렇게 해보세요.

3. 스스로에게 동기부여를 해보세요.

울 때도 있고 애도할 때도 있지요. 하지만 그 시간을 보낸 후 마냥 슬퍼하는 것에서 나와야 합니다. 긴 산책이나 운동을 하고, 친구를 만나고, 새로운 걸 시작해보는 등 자존감을 높일 수 있는 활동을 하며 마음을 가다듬어보세요.

4. 다른 이의 상황에 공감해보세요.

괴로워해 본 사람이 괴로운 사람을 이해하고 말을 건넬 수 있습니다. 다른 사람의 말을 경청할 때, 당신의 느낌과 반응이 주위 사람에게 영향을 미친다는 점을 기억하세요.

5. 사회성을 길러보세요.

사람들과 더 교제해보세요. 이야기 나누고, 웃고, 관련 서적을 더 읽어보고, 관련 지식도 쌓아보며, 여러분의 삶에 조금 색다른 변화를 주어보세요. 아마 삶이 더 풍성해질 것입니다. 지평을 넓혀보자구요!

6. 당신의 여정에 대해 일기를 써보세요.

글을 잘 써야 일기를 쓸 수 있는 것은 아닙니다. 공책

스스로에게 동기부여를 하기 위해 배움보다 더 효과적인 것은 없다

하나를 준비해서 그날 있었던 굵직한 일 몇 개를 간단히 써 보세요. 어떤 기분이었는지, 몸은 어떤 상태였는지, 영적 으로 어땠는지 글로 남겨보세요. 괴로움을 글로 옮기는 것 자체에 치유하는 힘이 있답니다. 말로 표현하기 힘든 일을 대하는 데 도움이 되고, 부정적이고 혼란스러운 생각을 배

출하게 해줍니다.

7. 어떠한 상황에서도 하나님을 신뢰하세요.

당신의 여정에서 가장 힘든 부분은 나음을 얻든 못 얻든 상관없이 하나님을 전적으로 의지하고 신뢰하는 것이라 생각합니다. 무슨 일이 있어도 주어진 잔을 마시고 하나님과 함께 남은 여정을 가겠노라고 지금 결단해보세요.

음악 제작자인 토비 맥Toby Mac은 그의 노래 〈디 엘레멘츠〉 The Elements에서 자신을 가로막는 세상적인 요인과 싸우는 것에 관해 '그네를 탈' 필요가 있다고 반복해서 강조합니다. 저도 같은 방법으로 싸워왔습니다. 치열한 싸움 속에서 매일 그네를 타고 오르락 내리락을 반복하지만 치열하게 하루를 살아냅니다. 깨어지고 병들고 연약한 존재이지만, 제 안에 포효하는 사자 한 마리가 있다는 것을 느낍니다.

현실이 고통과 실망을 주더라도, 여기저기 상처가 나더라도 싸우는 것을 멈추지 맙시다. 오르락 내리락 하더라도 최후 승리를 향해 걸음을 멈추지 맙시다.

현실이 고통과 실망을 주더라도 싸우는 것을 멈추지 않으리

제코 프라하, 2016

8장

사명

내 인생의 목적은 그저 살아가는 게 아니라 잘 사는 것이
며, 이를 위해 열정과 온정, 그리고 내 유머 감각과 내 기
질을 버무린다.

마야 안젤로 (Maya Angelou)

사명 알아 가기

예수님은 제자들을 가르치실 때 난관에 부딪치면 지름 길을 택하거나 뒷걸음치라고 하신 적이 없으셨습니다. 예수님은 자기 자신을 버릴 만큼 사명에 충실하신 분이셨습니다. 어떤 유혹도 예수님의 굳센 사명의식을 가로막을 수 없었습니다. 한편 저는 중도에 포기하고 싶었던 적이 여러 번 있었습니다. 지금 시점에서 인생을 뒤돌아보니 슬픔이란 슬픔을 다 겪어본 것 같은데, 제 고난의 여정은 아직도 끝나지 않았네요. 장애 판정을 받기 전의 저는 확신에 찬 사람이었습니다. 제가 있어야 할 곳이 어디인지, 무슨 말을 하고 어떤 행동을 해야 할지 확신에 찬 사람이었습니다.

아무리 해도 지치지 않는 일, 아이들을 가르치는 일

    저는 이른 바 '책사'였습니다. 문제가 생겼을 때 사람들과 머리를 맞대 참신한 아이디어를 짜고 문제를 해결하는 과정을 즐기는 사람이었습니다. 회의가 끝나고 몇 시간이 지난 후에도 머릿속에는 해결책 백 가지가 떠올랐습니다. 그 당시 저는 가르치고 양육하는 묘미를 만끽하고 있었습니다. 아무리 해도 지치지도, 질리지도 않았지요. 아반떼 팀 훈련생들과 말씀 묵상 및 나눔을 하고 제자 훈련을 진행할 때마다 가슴이 터질 만큼 행복했습니다. 제가 받은 깨달음을 다른 사람에게 전해줄 수 있다는 사실에 가슴이 벅차

올랐고 삶의 진정한 의미를 발견했다고 생각했습니다.

그러나 투병 후 모든 게 달라졌습니다. 이건 선택이 아니라 그래야만 했습니다. 심장 수술을 받은 직후, 기억력에 문제가 생겼다는 점이 발견되었습니다. 사람 이름, 심지어 아들 이름까지 기억나지 않기도 했습니다. 추억과 날짜, 장소가 머릿속에서 뒤엉키기 일쑤였습니다. 스트레스를 받을 때마다 어쩔 줄 몰라하며 혼란에 빠졌습니다.

훈련생들과 간단한 나눔을 하는 시간이었습니다. 제 차례가 되어 이야기하는 중이었는데, 어느 순간 침묵이 흐르고 있다는 것을 알아차렸습니다. 남편 브라이언에게 눈길을 돌렸더니 남편 얼굴이 (평소보다 더) 빨개져 있었습니다. 눈물이 그렁그렁 맺힌 채 절 보고 있던 남편은 눈짓으로 '말을 멈추는 게 낫겠다'는 신호를 보냈습니다. '내가 무슨 말이 안 되는 말을 하고 있었나 보다' 생각하고 서둘러 하던 말을 멈추었습니다. 나눔을 마친 뒤 방으로 들어온 남편은 저를 안고서 울음을 터뜨리며 말했습니다. "이럴 수가…. 여보 미안해." 이어 들려오는 그이의 말에, 두려워서 믿고 싶지 않았던 일들이 모두 현실이었음을 그제서야 알게 되었습니다. 제가 이야기했던 내용은 온전한 기억에서 나온 말이 아니었습니다.

저는 더 이상 예전의 베바가 아니었습니다. 이제 더는 제가 아반떼 팀을 이끌 수도, 팀 회의에 참여할 수도 없는 상태라는 사실이 자명해졌습니다. 제가 맡았던 사역 프로젝트도, 사역자로서의 역할도 (그렇게 해야만 했기에) 다 그만두었습니다. 그저 같이 움직이기만 하는 사람이 되어 팀이 사역하는 동안 주로 숙소에 홀로 남아있어야 했습니다. 나중에는 의사 지시로 선교여행조차 갈 수 없게 되었습니다. 하나님이 주신 감동으로 만든 이 아름다운 사역을 이제 외부에서 지켜볼 수밖에 없는 존재가 되었습니다. 꺼내 쓸 수 있는 '무기'가 하나씩 떨어져 나가서 이제 무방비 상태인 벌거숭이가 되어버렸습니다. 솔직히 말해 마음속에서 일어나는 전쟁이 육체에서 일어나는 전쟁보다 더 치열했습니다. 물을 움켜쥐려 해도 손가락 사이로 새어 나가듯, 인생은 그렇게 내 삶에서 새어 나가는 것처럼 느껴졌습니다.

사명 안고 가기

독일에서 사역 기간 중 한 병원에 입원하게 되었습니다. 가냘픈 체구에 누가봐도 통증으로 괴로워하는 게 눈에 보이는 할머니 한 분과 같은 병실에 배정 받았습니다. 그 병원에서는 보호자가 병실에서 환자와 함께 자는 것을 허락하지 않았습니다. 말도 안 통하는 데다 예전에 수술받은 심장 내 우회로가 내려앉았다는 사실을 막 알게 된 저에게 너무나 가혹한 규정이었지요. 심장 우회로가 내려앉았다는 말을 듣고서 억장이 무너진 저는 절망의 수렁 속으로 빠지고 있었습니다. 그런 충격 속에서 본능적으로 기도하기 시작했습니다.

"하나님, 어떻게 이럴 수가 있나요? 심장 우회로 수술을 받은 지 얼마 안 되었는데…. 불과 두 달도 안 지났는데…. 이게 뭐에요?"

저는 엉엉 울고 싶었지만 주위에 다른 환자와 간호사가 있었기에 애써 울음을 삼켰습니다. 남편이 너무 보고 싶었습니다. 안기고 싶었습니다. '잘 될 거야. 당신은 혼자가 아니야. 내가 옆에 있잖아.' 이 말을 듣고 싶었습니다. 그러나 철저히 혼자였습니다.

슬픔 속에 잠겨 눈물을 흘리기 시작했습니다. 두 손에 얼굴을 파묻은 채 소리 없이 울었습니다. 그런데 갑자기 손등에 어떤 손길이 느껴졌습니다. 고개를 들자 바다처럼 파란 눈의 독일인 간호사가 보였고, 어설프게 영어로 말하는 목소리가 들렸습니다. 내 눈을 보던 간호사의 눈에도 눈물이 가득 차올랐습니다. (어설픈 영어로) 이렇게 말했습니다.

"내가 대신 아플 수만 있다면… 당신을 보니 내가 슬퍼요. 내가 여기 앉아서 손 잡아 드릴게요. 내가 할 수 있는 전부에요."

그러고서는 저를 안아주었고, 회복실에서 병실로 옮기기 전까지 자기 어깨에 기대어 울 수 있게 해주었습니다. 얼마나 귀한 선물이었는지요. 외롭고 혼란스러워하던 순간에 하나님은 천사를 보내주셨습니다.

돌아온 병실에는 앞에서 언급한 할머니와 그 딸이 와 있었습니다. 할머니는 영어를 거의 하지 못했고 저도 독일어를 하지 못했습니다. 두 모녀는 제가 슬퍼보인다는 이야기를 서로 나누는 것 같았습니다.

"너무 젊은 나이에 이곳에 왔네요."

그들은 이렇게 말을 건네며 저를 위로해주었습니다. 그보다 더 맞는 말이 있을까요! 병실에는 수술하기에 몸 상태가 너무 나빠 자칫 수술 중에 죽을 수도 있는 할머니 한 분과, 생명 연장의 소망을 주었던 심장 우회로가 이제 끝났다는 소식을 들은 나이 마흔여섯 여성, 어머니에게 죽을 수도 있을 만큼 위험한 수술을 받으시게 할지 아니면 심장이 끊어지는 고통 속에서 여생을 보내시게 할지 결정을 내려야 하는 딸, 이 세 명이 있었습니다. 저는 제 침대에서 내려와 두 모녀에게 다가갔고, 우리 셋은 서로 부둥켜안았습니다. 그렇게 함께 울고 나서 모녀를 위해 기도해주었습니다. 가여운 할머니가 밤새 고통스러워 울부짖을 때에도 같이 밤을 새워가며 기도해드렸습니다. 옆에 있는 사람이 아파하는 걸 보면 제 아픔을 조금 잊게 되는 것 같기도 합니다.

다음 날 아침, 할머니를 수술 준비실로 데려갈 의료진이 왔습니다. 저는 모녀를 보며, 이들을 다시 보지 못하리라는 생각이 들어 슬펐습니다. 서로 작별 인사를 하고 나갔는데, 이내 딸이 다시 병실로 들어왔습니다. 그러고서 손수 만든 목걸이를 제게 건네주었습니다. 그리고 이렇게 말했습니다.

"아주머니는 왜 여기에 오게 되었는지 이해할 수 없으시겠지요. 하지만 저는 알 것 같아요. 저희 엄마를 만나기 위해, 또 저를 격려해주기 위해 이 자리에 계신 것을요."

그 순간 하나님이 제게 더 큰 그림을 짤막하게 보여주시는 것 같았습니다. 이후 제 인생의 목적을 더 선명하게 알게 되었습니다. 처음으로 묘한 평안을 느꼈습니다. 모녀가 있었던 자리에 새로 온 환자는 최근 독일로 이사를 와서 식당에서 일하던 프랑스인 아가씨였습니다. 아가씨는 일하던 중 갑자기 쓰러졌고 검사 결과 심장에 이상이 있다는 사실을 알게 되었답니다. 근방에 일가 친척은 없고 친구가 딱 한 명 있었지만, 그 주말에 친구가 타지에 나가 있다고 했습니다.

아가씨와 이야기하면서, 병실 환자들과 하나님의 은혜에 대해 의미있는 대화를 하고 그들을 위해 스스럼없이 기도해주며 하나님께로 이끄는 제 자신을 보게 되었습니다. 마치 그리스도처럼 아픈 사람을 돌보고 사랑하는 '현대판 사도'가 된 것 같았습니다. 정말 말도 안 되는, 완전히 새로운 일이 제 안에서 일어나고 있었던 것입니다!

다 이해가지는 않아도 이것만은 알았습니다. '사명을 다해 살아가는 것이 내 고통의 문제에도 도움이 된다.' 친구가 제게 이런 말을 한 적이 있습니다.

"베바야, 너는 그 어느 때보다 섬길 때 예수님처럼 보인다."

그 말의 의미를 독일 병원에서 이해할 수 있었고, 저에게 주어진 고통의 잔을 마실 수 있는 용기가 생기기 시작했습니다.

생각해보기

1. 마음이 아프거나 괴로워하는 중에 감동을 받았던 경험이 있나요?

2. 고난 중에 있는 다른 사람을 위해 기도하거나 위로하라는 성령님의 인도하심을 느낀 적이 있나요? 고난 중에 있는 사람을 위해 기도하면서 어떠한 깨달음이 있었나요?

3. 고린도후서 5장 14~15절을 읽으면서 고난 중에서도 자신을 내어 주신 예수님을 묵상해봅시다. 아프다고 할지라도 다른 사람을 위해 자신을 내어주는 것에 관해, 이 말씀은 여러분을 어떻게 강권하시는 것 같나요?

미국 채터후치 국립공원, 2016

9장

성품

누가 아파하거든 낫게 해주어라. 누가 길 잃어버렸
거든 길을 찾아주어라. 친구가 넘어지거든 제일 먼
저 손을 내밀어라.

스티브 마라볼리 (Steve Maraboli)

감정을 너머 하나님의 성품으로

세계 여러 사람들과 소통하면서 깨달은 점은, 각자 처한 환경과 그 경중은 다르지만 우리는 모두 아픔이 있는 존재라는 것입니다. 사람은 도전에 직면하기 마련입니다. '하나도 반갑지 않은' 변화도 있지만, 성장에 필요하거나 성공에 한 발짝 더 가까이 이끌어주는 변화도 있습니다. 건강에 심각한 문제가 생기거나, 사랑하는 사람을 잃거나, 아니면 비밀이 탄로나 끔찍한 뒤탈을 겪을 수도 있습니다. 이런 일들로 큰 충격을 받아서 자기 뿌리까지 흔들리고 신앙에 회의를 느낄 수도 있습니다. '나쁜 일은 한꺼번에 밀어닥친다'는 말이 있지요. 산 너머 산인 경우 말입니다. 그런 끔찍한 상황에 처할 때마다 다급하게 운전대를 잡아보려 하지만, 애석하게도 승객석에 앉아서 존재하지도 않는 브레이

크 페달을 밟기만 할 뿐입니다. '내게 통제권이 있다면 지금보다는 더 순탄하거나 훨씬 나아질텐데'라고 생각해보지만 그건 너무 순진한 생각이지요.

고난의 계절을 견디기 어려운 이유 중 하나는 지나치게 자기 감정에 의존하기 때문입니다. 오늘 느끼는 기분은 두어 시간 지나면, 하루 지나면, 일 년 지나면 달라질 수 있다는 사실을 건강 상태가 나빠지고 나서야 깨달았습니다. 제게 통제권이 얼마나 있는지는 모르겠지만, 그것과 상관없이 오늘 느끼는 고통은 줄었다 늘었다 합니다. 이와 관련해서 롤프 레버Rolf Reber 박사가 〈싸이콜로지투데이〉 Psychology Today라는 유명한 웹사이트에 올린 글이 있습니다. 「우리의 감정은 신뢰할 만한가?」라는 제목의 글에서 그는 특정 조건에 한해서만 감정을 신뢰할 수 있다고 주장합니다.

왜 안정적인 환경에서의 감정만 믿을 수 있는가? 이에 대해 안토니오 다마지오Antonio Damasio 교수의 연구진이 고안한 '신체표지가설'the somatic marker hypothesis로 풀어낼 수 있습니다. 이 가설에서는 어떤 브랜드의 초콜렛을 먹는다고 했을 때 긍정적이거나 부정적인 피드백이 따라온다고 말한다. 그리고 그 피드백은 뇌와 몸에 흔적을 남긴다. (그래서 '신체 표지가설'이라고 일컫는다.) 그 초콜렛 브랜드를 잊어 버린다 하더라도, 나중에 다른 경험을 통해서 '감정'이라는 형태로 저장되어 있던 '신체표지'가 소환된다. 만약 초콜렛이 맛있었다면 긍정적인 감정이 남을 테고, 맛이 없었다면 부정적인 감정이 남을 것이다. 우리가 안정적인 환경에서 다른 사람들과 함께 있을 때에도 마찬가지이다. 우리는 사람들과 교류할 때 신경학적 흔적이 우리 몸에 남기 때문에, 본인이 잘 아는 사람을 대할 때의 자기 감정을 신뢰하게 된다. 그러나 환경이 지속적으로 변할 경우에는 친숙한 환경에서 소환되던 신경학적 흔적을 구축할 수 없어진다. 원래 살던 동네에서 다른 동네로 이사했다고 칠 때, 이제껏 구축했던 신경학적 흔적은 쓸모가 없어진다. 본인의 감정을 다시금 신뢰할 수 있으려면 새로운 흔적을 충분히 많이 쌓일 때까지 새로운 동네에서 충분히 살아야 한다. 안정적인 환경도 있고 안정적이지 않은 환경도 있다. 전쟁이나 격동의 시기에 들어서면 이제까지 안정적인 환경에서 비롯되었던 감정은 쓸모가 없어져버린다. 신체 표지는 쉽게 날아가 버리는 경향이 있어서, 이와 같은 경우에 생기는 감정은 철저한 분석을 거치지 않은 감정이 되어버린다. 고로 변화는 감정을 신뢰하지 못하게 만드는 적이다.[13]

오늘날 지속적으로 발생하는 사회 문제가 매우 많습니다. 문제를 은폐해도 결국에는 사람들 입에 오르락내리락하게 됩니다. 의학과 과학이 발달할수록 우리 사회의 아픔과 괴로움도 더 커지는 것 같습니다. 그런 모습을 볼 때면 가끔씩 저는 솔로몬 왕이 '헛되고 헛되며 헛되고 헛되니 모든 것이 헛되도다'전 1:2라고 말했던 것처럼 실망하거나 낙담하게 됩니다.

타락한 세상에는 아픔과 상처가 너무나 많고, 도처에 분개, 증오, 낙심할만한 일이 너무나 많습니다. 그래서 성경 구절이나 좋은 글귀로는 상한 마음을 치유할 수 없을 것

---

13 Rolf Reber, Ph.D., *"Can We Trust Our Feelings?,"* PsychologyToday. com, September 1, 2016.

같고, 믿음을 시험하는 문제 앞에 해답을 제시하지 못할 것 같아 보입니다. 고통이란 복잡한 것이고, 그래서 아픕니다! 심지어 이 세상에서 확실한 것 한 가지를 꼽으면 우리네 인생에서 많은 고통을 만나게 되리라는 사실입니다. 예수님은 고통에 관해 요한복음 16장 33절에서 이렇게 말씀하셨습니다.

> 이것을 너희에게 이르는 것은 너희로 내 안에서 평안을 누리게 하려 함이라 세상에서는 너희가 환난을 당하나 담대하라 내가 세상을 이기었노라 – 요 16:33

그러면 이렇게 무너진 세상과 어떻게 소통할 수 있을까요? 먼저 우리가 살고 있는 세상은 계속 변한다는 사실을 알아야 합니다. 레버 박사가 말했듯이 '변화는 감정을 신뢰하지 못하게 만드는 적'입니다. 예를 들어, 결혼 생활을 잘하고 있다고 생각했는데 어느 날 배우자가 바람 피우고 있었다는 사실을 알게 된다면 자기 감정에 변화가 생기겠지요. 운동선수가 자기 몸에 악성 종양이 생겨서 다리를 절단해야 한다는 말을 듣게 되면 선수 생활을 놓고 급작스러운 감정 변화를 겪게 될 것입니다. 마찬가지로 의사로부터 예후가 나쁠 것이라는 말을 들은 사람은 이제 완전히 새롭고 판이한 감정에 휩싸인 채 자신의 미래가 전혀 다르게 보일 것입니다. 저도 검사 결과가 나쁘고 치료 결과가 나빠서 희망이 실망으로 바뀐 적이 번번이 있었습니다. 그런 감정의 롤러코스터를 타면서도 버틸 수 있었던 비결은 하나님은 영원불변하시다는 사실을 잊지 않은 것입니다. 이 얼마나 놀라운 사실입니까? 히브리서 6장 17절은 이렇게 말합니다.

> 하나님은 약속을 기업으로 받는 자들에게 그 뜻이 변하지 아니함을 충분히 나타내시려고 그 일을 맹세로 보증하셨나니 – 히 6:17

하나님은 처음부터 자신은 변하지 않는다고 말씀하셨습니다. 이 세상에서 일어나는 갑작스러운 변화에도 하나님은 놀라지 않으시지요. 우리가 거의 매일 겪는 부정적인 일도, 부정적인 결과도, 깨진 신뢰도 하나님을 놀라게 할 수 없습니다. 하나님은 우리에게서 멀찍이 떨어진 채 우리

고난에 아무런 대비를 하고 있지 않다가 놀라서 당황해하는 분이 아니십니다. 하나님은 보시며 들으시며 알고 계십니다! 반짝 지속되다가 없어질 감정이 아니라 하나님을 향한 신뢰를 올려드려야 합니다.

주위에 변동이 생기고 혼돈이 지속될 때 저는 자신을 믿을 수 없습니다. 변하지 않으시는 하나님, 날 집어삼킬 듯이 몰아쳐오는 폭풍 속에서도 유일하게 흔들리지 않는 하나님을 신뢰해야 하는 것입니다. 정상적인 사고를 하지 못하게 하고 잘못된 행동을 하도록 부추기는 소리가 들려와도, 하나님은 유일하게 흔들리지 않는 분이십니다. 그렇기 때문에 세상과 소통하는 사람이 되기 위해서는 하나님이 어떤 분이신지, 하나님의 성품은 무엇인지를 계속해서 알아가야 할 것입니다. 신약 성경에도 이렇게 나와있습니다.

> 예수 그리스도는 어제나 오늘이나 영원토록 동일하시니라 – 히 13:8

이 성경 구절은 고난 당하는 우리를 향해 하나님이 어

떤 기대를 품고 계시는지를 말해주고 있습니다. 우리는 언제나 동일하신 하나님의 성품을 신뢰해야 합니다!

결국 세상은 좁습니다

아반떼인터내셔널 훈련생들에게 '사람이 자기 안전지대를 벗어나서 외국으로 나가보면 세상이 더 좁다는 것을 알게 된다'는 말을 자주 합니다. 밖으로 나와 다른 문화 속에서 지내면 지낼수록 내가 누구인지 더 잘 알게 됩니다. 세상과의 소통은 자신의 고난을 대하는 데에도 도움을 줍니다. 저는 세계 여러 나라를 다니면서 고난 중에 있는 사람들을 많이 만났습니다. 그 중에서 자신이 처한 상황과 관계없이 기쁨을 잃지 않으려는 사람들을 볼 때, 저도 힘을 얻는 것을 느꼈습니다. 제 두 눈으로 병든 사람이 치유 받는 기적을 본 적도 있고, 반대로 치유기도를 받았으나 여전히 치유 받지 못한 사람도 본 적이 있습니다. 마태복음 5장 45절은 우리에게 다음과 같은 가르침을 줍니다.

이같이 한즉 하늘에 계신 너희 아버지의 아들이 되리니 이는 하나님이 그 해를 악인과 선인에게 비추

시며 비를 의로운 자와 불의한 자에게 내려주심이라

－ 마 5:45

    사람은 자기만큼 또는 자기보다 더 괴로워하는 사람과 소통할 때, 자기가 할 수 있는 일이 생각보다 많다는 점을 느끼게 됩니다. 아버지와 어머니의 경우에, 두 분은 떼려야 뗄 수 없을 만큼 언제나 함께하셨습니다. 아버지가 돌아가셨을 때, 가여운 어머니 마저 몸을 가누지 못하시다가 곧 뒤따라 돌아가실 것 같은 생각이 들었습니다. 어머니가 사별의 아픔을 어떻게 견디실지 염려되었습니다.

    아버지가 소천하신 지 얼마 지나지 않아 어머니는 간병인이 되어, 말기 환자였던 친척을 포함해서 연로한 분들을 돌보기 시작하셨습니다. 어머니는 제게 말기 암환자였던 외당숙을 간병한 이야기를 하신 적이 있습니다. 병시중 들고 있었던 외당숙모를 도와주려고 어머니는 아예 외당숙 댁에 들어가셨습니다. 나중에 외당숙은 저희 어머니 팔에서 숨을 거두셨다고 합니다. 어머니는 당뇨 및 합병증으로 죽음을 앞둔 외삼촌을 돌아가실 때까지 간병하셨지요. 어머니에게, 본인도 사별의 슬픔 속에 있는데 어떻게 남을 돌볼 수 있었는지 여쭤본 적이 있습니다.

"나는 너희 아버지가 그립다. 하지만 또 이 사람들이 얼마나 힘들지 내가 잘 알기 때문에 이들을 돕고 싶은 거다."

아버지가 담임 목회를 하실 적에 아버지와 어머니는 매일같이 성도들의 가정과 병원으로 심방을 다니셨습니다. 그런 부모님을 보면서 저는 '슬픔을 함께 나눌 때 그리스도의 몸 된 교회가 하나되고 그리스도의 사역이 이루어진다'는 점을 배웠습니다. 도움이 필요한 사람들에게 우리가 다가가서 도움의 손길을 건넬 때 하나님 나라 사역은 더 빛을 발합니다. 또한 다른 사람을 돕는 과정에서 이기심을 버리고 겸손함을 배운다는 점에서 우리에게 유익이 됩니다.

당신이 고난 중에 있을지라도 누군가를 돕는 활동을 찾아보세요. 영혼에 양약이 되고 치유에 있어서도 큰 도움이 될 것입니다. 슬픔에 맞서 세상과 소통하며 삶의 목적과 기쁨을 찾을 수 있는 생산적인 활동을 찾아보세요. 섬기는 일을 하거나, 격려의 메시지를 쓰거나, 고난의 여정 속에 얻은 영감을 영상으로 남겨보세요. 아니면 정원을 가꾸고 꽃꽂이를 해서 환우에게 또는 기타 고난 중에 있는 사람을 격려해보세요.

작가와 발행인으로서의 두 날개를 발견하다

　큰 감동을 받았던 순간이 있는데, 그 중 하나가 주치의 파텔 선생님을 마지막으로 보았을 때였습니다. '마지막'이라고 말한 이유는 진찰을 받고 난 후 저는 아반떼 팀과 함께 아시아로 떠났기 때문입니다. 몇 달 간 제게 심장 이상 증세가 없는 것을 확인한 파텔 선생님은 운동과 식단 조절을 지속한다면 사역지로 다시 떠나도 되겠다고 판단하였습니다. 한 바가지나 될 만큼 장기간 복용할 수 있는 약을 처방해주며 해외에 머무를 동안 건강을 살펴줄 현지 의사 선생님도 소개해주셨습니다. 다시 선교 여행을 떠날 수 있게 된다는 생각에 들떠서 하늘로 날아갈 것 같았습니다. 허나 마음 한켠에서 주치의로부터 멀리 떨어져 있게 될 생각에 불안하기도 해서, 선교 여행을 떠나도 괜찮은 건지 파텔 선생님에게 한번 더 물어보았습니다. 파텔 선생님의 이 대답을 절대 못 잊을 겁니다.

"자, 사모님에게 무엇을 하라고 제가 지시하지 않을 겁니다. 하지만 이거는 말해둘게요. 그동안 고생도 정말 많이 했고, 포기한 것도 많았잖아요. 다니실 것 다니시고, 꿈을 따라가세요. 사모님이 행복해하는 일 하시고, 이제 사모님 인생을 사세요. 저는 건강을 이유로 사모님의 인생을 막을 생각이 없습니다. 달란트를 쓰세요! 가세요! 인생을 누리세요!"

파텔 선생님 본인도 몰랐을 겁니다. "가세요!"라는 말 한 마디가 저 뿐만 아니라 그날 이후 제가 만난 많은 사람들에게까지 영향을 끼쳤다는 사실을. 당신이 지금 제 이야기를 읽을 수 있는 것도 사실 그날 그 말을 듣고서 떠났기 때문에 가능하지요. 하나님은 제 마음을 만지시려고 푸에르토리코의 에블린 신뜨론 의사 선생님을 사용하셨듯이, 제게 평안을 주시기 위해 독일 병원의 간호사 선생님을 사용하셨습니다. 마찬가지로 하나님은 소망을 주시려고 파텔 의사 선생님을 사용하셨음을 믿습니다. 고난의 여정 속에 있으면서 요동하는 순간에도, 절박한 순간에도, 두려운 순간 속에서도 하나님이 함께 하심을 볼 수 있습니다. 하나님은 늘 저와 함께 하시면서 예상치 못했던 사람들을 사용하셔서 제가 혼자가 아니라는 사실을 상기시켜 주셨습니다. 세상과 소통하는 것이 중요한 이유가 바로 여기에 있습니다. 주님은 다른 이들을 사용하셔서 우리에게 새로운 소망을 주십니다.

생각해보기

1. 겟세마네 동산에서부터 십자가와 죽음, 부활까지 이어진 과정 속에서 하나님의 어떠한 성품이 드러나나요?

2. 하나님의 성품과 당신을 향한 하나님의 사랑을 생각할 때 당신이 처한 상황을 바탕으로 생각하나요? 아니면 십자가에서 보이신 하나님의 본성을 가지고 생각하나요?

3. 고난 중에 있는 다른 사람에게 힘을 불어넣기 위해 오늘 할 수 있는 한 가지는 무엇일까요? 이를 행하기 위한 계획과 일정을 짜 보세요.

체코 플젠, 2018

10장

꿈

두려움을 찾아내지 말고 꿈과 희망을 찾으라. 좌절
에 대해 생각하지 말고 아직 꽃 피지 않은 잠재력에
대해 생각하라. 시행착오로 자신을 보지 말고 여전
히 할 수 있는 일로 자신을 보라.

요한 23세 교황 (Pope John XXIII)

어렸을 적 꿈

어렸을 적에 저는 남이 하는 말을 곧장 믿고 내성적이며 공상하기 좋아하던, 한 마디로 뭘 좀 모르는 아이였습니다. 하늘 위에 떠있는 구름이 나라이고 섬이라고 철석같이 믿을 만큼 순진한 아이였습니다. 높은 사다리를 타고 올라가면 분명 구름을 잡을 수 있을 거라 생각했습니다.

어린 아이는 뭐든지 그냥 믿어버리고, 바보같은 꿈인데도 그렇게 느끼지 않습니다. 그만큼 순진하다는 뜻이겠지요. 꿈이 꼭 이치에 맞아야 하는 법은 없습니다. 어른들이 인생이란 복잡한 거라 말하는데, 인생이 꼭 그리 복잡한 것은 아닙니다. 당신은 가끔 타임머신을 타고서 세상사 신경

쓰지 않아도 되었던 어린 시절로 돌아가보고 싶었던 적이 있지 않나요? 저는 있습니다.

어릴 적 동네 친구 중에 저보다 똑똑하고 애어른이었던 친구가 있었습니다. 세계지도도 볼 줄 아는 친구였지요. 그 친구는 구름이 나라가 아니고 섬도 아니라는 걸 알았고, 그 걸 친구들에게 주장하기까지 했습니다! 그 친구는 어린 저의 상상을 거리낌 없이 산산조각 내어버렸고 저는 그제서야 현실을 인식하게 되었습니다. 그 친구가 나빴던 것은 아니었습니다. 제가 행복한 꿈쟁이였던 반면, 그 친구는 당당한 현실주의자였던 것입니다. 그때의 저는, 다른 사람이 제 방에 들어와서 애써 정리정돈해 놓은 물건을 제자리에 놓지 않을 때 스트레스를 받는 아이였습니다. 모든 게 제자리에 있어야 하고 예상 가능하며 흔들리는 법이 없어야 한다고 생각했습니다. 어떤 사람은 그런 인생은 지루하다고 할지 모르겠으나, 저는 그런 인생이 안전하다고 생각했습니다. 안전함에 대한 생각은 어른이 되어서도 따라왔습니다.

어릴 때는 궁전이나 해적, 바다 위로 솟구쳤다가 풍덩 빠지는 고래, 말하는 장난감을 상상합니다. 공주나 왕자가 되어 행복하게 사는 꿈을 꿉니다. 저는 어렸을 적 친구들과 함께 온 동네를 쉴 새 없이 뛰어다녔고, 밤에도 할머니가 사시는 소박한 집의 파인애플 밭에서 숨바꼭질을 했습니다. 깔깔거리며 노느라 풀에 베이고 멍드는 것조차 몰랐습니다. 불면증에 시달리는 일도 없었고, 새로 나온 장난감을 못 사서 문제가 될 일도 없었습니다. 그 밖에 인간이 가진 한계에서 비롯한 문제도 없었습니다. 인생의 큰 그림을 볼 수 없었기에 '지금 이 순간'만 살았던 때였습니다.

자고 일어났더니 자기 이름을 까먹은 채, 코에는 관이 삽입되어 있고, 온 몸에는 수술 자국이 있으며, 한 마디 말도 나오지 않고, 끊어지는 고통을 느끼게 되는 상상을 하는 아이는 없습니다. 아이들은 자랄 때 '나중에 내 스스로 숨 쉴 수 있을까?' 아니면 '나중에도 내가 노래 부르고 책을 읽을 수 있을까?'라는 의문을 품지는 않습니다. '내 인생에 소망이 없을 거야'라거나 '좋았던 날은 부스러기처럼 사라지고 멍들고 상처투성이인 현재의 내 모습을 아련하게 쳐다보게 될 거야' 이렇게 예상하는 사람은 그리 많지 않습니다. 나치 시대의 유대인 어린이와 전쟁과 내전으로 핍박받는 사람들을 제외하고서, 턱 밑까지 쫓아오는 죽음의 위협을 계속 상상하며 자라는 사람이 누가 있겠습니까? 이런 상상들이 자기 인생에서 일어나길 고대하며 자라는 사람은 제가 아는 한 없습니다. 그러나 어느 순간 현실은 나의 뺨을 찰싹찰싹 때리며 이렇게 말하는 것 같습니다.

"일어나, 이 멍청이야. 이게 네 인생이야!"

내가 뭘 '할 수' 있을까?

투병 생활이 시작되니까 제가 더 이상 예전같이 활동할 수 없다는 게 자명해졌습니다. 이 사실을 받아들이기가 너무 힘들었습니다. 저는 활달하고 부지런하며 추진력 있는 사람이라 생각했습니다. 언제나 제게 주어진 기대치 이상으로 해내려는 사람이었죠. 게으른 사람이라는 딱지를 받기 싫었던 저는 언제나 열심히, 더 많이 일했습니다. 한편으로 제게 강박증이 그렇게나 많았었는지 뒤늦게 알았습니다. 왜 이런 강박장애가 생기게 된 건지 이해해보기 위해서 사람들과 가까이 있을 때 보이는 제 행동 및 반응을 관찰하게 되었고, 제 강박증이 고난 중에 겪은 정서적 환경에서 비롯되었다는 점을 깨닫게 되었습니다. 강박증을 극복하려고 무척 노력한 결과 많이 좋아졌지만, 완전히 극복하지는 못했습니다. 그래서 저는 살아있는 동안 하루에 하나씩 극복하기로 마음먹었습니다. 세상의 모든 시간을 가진 것은 아니나, 제게 주어진 시간이면 충분히 할 수 있다고 생각합니다. 그러면서 자신에게 주어진 시간을 아주 충분히 활용하는 게 중요하다는 것을 깨달았습니다.

대한민국에서 몇 달 동안 체류하면서 책을 쓰는 한편 한국 문화를 배우며 고난 중에도 기쁨을 발견해보기로 마음먹었습니다. 한국 사람들은 고난을 아는 사람들인 것 같습니다. 한국 역사를 공부하면서 많은 이들에게 귀감이 될 만한 한국인의 오뚝이 정신과 억척스러움을 엿볼 수 있었습니다.

인생의 한 소절을 외국에서 지내면서 책 쓰는 걸 꿈꿔왔던 저에게 기회가 주어지자, 길게 생각할 필요가 없었습니다. 하나님께서 문을 열어주시고서 누릴 수 있도록 해주신다는 걸 알았습니다. 한국에서 원룸에서 자취 생활을 했습니다. 동네를 많이 걸어다니면서 동네에 무엇무엇이 있는지 둘러보았고 주민들도 많이 만났습니다. 포항시에서 자취를 시작한 지 열흘 정도 밖에 되지 않은 어느 날 원룸 바로 옆에 있는 까페에 갔는데, 주문을 받는 아가씨가 제 이름을 불러주며 주문을 받더군요. 제가 어엿한 동네 주민

이 되었다는 사실을 그때 느낄 수 있었습니다. 그러자 제가 '죽기 전에 꼭 해보고 싶은 일'을 대한민국에 머무르는 동안 몇 가지 해야겠다는 생각이 들었습니다. 미술학원과 검도 학원에 등록했고 한국어 과외를 받았습니다. 모두 다 그동안 꿈만 꾸었을 뿐 시간이 별로 없어서 해볼 수 없을 거라 생각했던 활동들이었습니다. 모순적이게도, 시간이 별로 없는 시기에 저는 할 수 없을 거라 생각했던 일을 하고 있었습니다.

괴로운 시절을 보내는 사람은 자신의 꿈을 붙잡고 실현하기 위해 동기부여를 해야 합니다. 부유하지 않은 제가 지난 십 년 간 이십여 개 국가를 방문했습니다. 꿈을 실현하는 것은 돈의 문제가 아닙니다. 의지와 추진력과 계획의 문제입니다. 건강상태가 나쁘거나 마음이 괴롭다고 해서 우울해하고 쓸쓸해하며 가만히 누워 죽음이 오기만을 기다릴 수는 없습니다. 죽기 전까지는 아직 끝난 게 아닙니다. 그리고 죽고 난 후에도 당신의 이야기는 많은 이들에게 좋은 영향을 미칠 수 있습니다. 자신의 마음 속 깊은 곳까지 들어가서 그동안 하고 싶었던 것들을 생각해보고, 할 수 있다면 그것들을 시도해보세요. 만약 정말 하고 싶은 일이 불가능한 일이라면, 다른 일을 찾아보세요. 재미있고 편안하며 신나고 감명을 주는 일이 있을 겁니다. 시간을 내서 생각해 보고 하고 싶은 일이 무엇인지 찾아보세요. 그리고 도전해 봅시다.

아픈 사람으로만 있지 않기

현재 고난 중에 있는 게 아니라면 언젠가 고난을 만나기 마련입니다. 고난을 피할 방법은 없습니다. 어느 날 주치의가 제게 장애인 등록 신청을 하는 게 좋겠다고 말을 했습니다. 마치 사형을 언도받는 것 같았습니다. 여권에 마지막으로 도장을 찍는 것 같았습니다. 장애인 등록 신청서를 작성하기까지 몇 개월을 미루었습니다. 더 이상 사회에 기여할 수 없는 사람으로 취급받는다는 생각이 들었고, 제 인생에 찾아온 운명을 받아들이고 싶지 않았습니다. 장애 판정서를 처음 받은 날, 저는 크나큰 상실감에 울어버렸습니다. 장애 등록 심사를 기다리는 다른 사람 같았으면 기뻐했을 상황이었습니다. 그날 저는 장애 판정서를 손에 쥐고서 물음을 던졌습니다. '나 이제 어떡하지? 장애인으로 어떻게 살아가지?'

문득 초대교회가 떠올랐고, 초대교회 성도들이 핍박과 극심한 고통 가운데서도 어떻게 중심을 잃지 않을 수 있었는지 생각하게 되었습니다. 그들의 공통분모는 목적이었습니다. 초대교회 성도들은 '그 목적'을 생각하며 신앙을 지킬 수 있었고, 굶주린 사자, 칼, 돌, 심지어 사랑하는 이가 인간 횃불이 되어 타는 모습을 마주하는 중에도 요동하지 않을 수 있었습니다. 그들은 어디에 자기 인생을 걸어야 되는지 알았기에 고통과 역경을 감수할 수 있었습니다.

비참한 상황에서 고통받는 영혼이 더 나은 무언가, 즉 죽음을 각오해도 될만한 무언가를 갈구한다면, 오직 푯대만 보도록 눈가리개 가죽을 씌운 경주마처럼 달려나갈 수 있습니다. 상한 영혼이 하나님을 신뢰하게 되면, 긴 여정에서 고난은 한낱 통로임을 보게 됩니다. 이 원리를 깨닫게 되었으면 흑암의 폭풍을 만난 우리가 어떤 반응을 보여야 할까요? 폭풍에 부스러져서 날아가버려야 할까요? 포기해야 할까요? 절대 그래서는 안 되지요. 부스러진 부분을 다시 주워들어 자신을 수리하면서 계속 앞으로 나아가야 합니다. 망쳐버린 일도 수리 가능하다는 사실을 믿으십시오.

제 인생을 향한 하나님의 뜻을 신뢰하는 것과 함께, 큰 도움이 되었던 것이 하나 더 있습니다. 제가 여전히 하나님 나라를 위해 쓸모 있다는 사실이었습니다. 이 생각이 상한 마음에 연고를 발라주는 것 같았고, 그 덕분에 마음을 쏟을 수 있는 일을 찾을 수 있었습니다. 예전에 하던 스포츠 활동과 수영, 요리, 청소, 운전, 공부, 조깅은 이제 힘든 일이 되어버렸지만, 다시 책상에 앉아서 제가 잘 할 수 있는 일을 생각해보기 시작했습니다. 늘 하고 싶었으나 시간, 돈, 힘이 없다는 핑계로 한번도 해보지 못했던 일들을 적어보았습니다. 그렇게 써 내려 간 목록을 보며 하고 싶었던 일을 하나하나 실행할 것을 생각하니 비극 속에서도 가슴이 설레었습니다.

죽기 전에 하고 싶은 일을 적은 목록 윗부분은 다음과 같습니다.

1) 대한민국 여행하기
2) 한 계절 동안 외국에서 혼자 살아보기
3) 미술 수업 듣기
4) 기타 배우기
5) 집이나 캠프카 수리하기

6) 혼자 기차 여행하기

7) 책이나 소설 쓰기

8) 검도 배우기

9) 요단강에서 세례받기

10) 석사학위 따기

이 중에 실행하기 힘든 항목이 있다는 걸 알았지만, 찌그러져서 절망에 빠지기보다 '새로운 현실' 속에서 무언가 해보리라 마음을 먹었습니다.

이 글을 쓰는 지금, 자랑스럽게도 항목 열 개 중에서 여덟 개를 하고 있습니다.

이 책이 출간되어 당신의 손에 들린 시점에는 아마 열두 번째나 열다섯 번째 항목으로 진도가 나갈 것 같습니다. 하고 싶었던 일을 실행에 옮기면서, 꿈을 가로 막는 유일한 요인은 결국 자기 자신이었음을 깨달았습니다. 모순적이게도, 건강했던 시절 '할 수 없어'라고 생각하게 만든 핑계들은 사라져버렸습니다. 장애를 지닌 몸이 된 지금, 저는 꿈을 이루고 있습니다. 슬픔에 잠기는 대신 마음을 쏟을 무언가를 찾아보세요.

죽기 전에 하고 싶은 일을
멈추지 말자

생각해보기

1. 어린 시절에 어른이 되면 무엇을 하고 싶었나요?

2. 죽기 전에 하고 싶은 일을 적어 보세요. 만약 이 리스
   트를 작성하고 싶지 않다면 어떤 이유 때문인가요?

3. 잠시 시간 내어 인생에서 하고 싶었던 일 열 개를 적어보세요. 누구나 이 목록을 적을 수 있지만, 특히 시한부 인생을 살고 있는 분, 사별의 슬픔 중에 있는 분, 이혼의 아픔을 겪고 있는 분들이 이 목록을 적어보면 고난 중에서도 기뻐할 요인이 생긴답니다. 여러분의 목록에 어떤 내용이 담겨있나요?

스페인 블라네스 전경, 2013

11장

체이싱 라이프

인생이란 이런 게 아닐까. 이미 내 앞에 아른거리지만 매번 내 손에 닿지는 않는, 그러면서 나를 부르는 그 무엇을 좇아가는 긴 여정.

맥켄지 허버트 (Mackenzie Herbert)

현재 건강 상태에 대해 의사들은 이구동성으로 이렇게 말합니다.

"저희가 이제 손 쓸 방도는 없고, 다만 불상사가 일어나기 전까지 유지하는 수밖에 없습니다."

몸이 얼마나 망가졌는지 다시 한번 마음 저미도록 느끼고서 병원을 나섭니다. 어떻게든 단단히 붙잡으려고 했던 마음의 갑옷은 갈라져 터진 것 같습니다. '내가 낫는 게 하나님의 뜻일까?' 이런 생각을 하면 마음이 힘듭니다. 그렇다고 저를 낫게 해주실 거라는 희망을 포기한 것은 아닙니다. 하나님의 주권에 의문을 던지는 것도 아닙니다. 하나님은 치유하시는 분이십니다. '내가 낫는 게 하나님의 뜻일까?'라는 질문은 교만과 이기심에 근거한 질문이 아니라, 고난 중에서도 하나님의 목적과 뜻이 무엇인지 순수하게 알고 싶기 때문에 던지는 질문입니다. 아무리 제 자신을 위로해도 '하나님, 저를 고치고 싶으신가요?'라는 의문이 들면 다시 괴로워집니다. 이미 쪼그라든 믿음이 더 쪼그라져 버리는 것 같습니다. 예수님은 큰 믿음을 가지라고 말씀하신 적이 없으십니다.

> 이르시되 너희 믿음이 작은 까닭이니라 진실로 너희에게 이르노니 만일 너희에게 믿음이 겨자씨 한 알만큼만 있어도 이 산을 명하여 여기서 저기로 옮겨지라 하면 옮겨질 것이요 또 너희가 못할 것이 없으리라 – 마 17:20

치유의 기적이 일어나든 일어나지 않든, 치유에 있어서 다음 두 가지 공식만으로도 충분하다고 생각합니다. 하나는 제가 하나님을 신뢰하는 것이요, 다른 하나는 하나님은 고난 중에 동행하실 만큼 저를 사랑하신다는 것입니다. 하나님께 몸을 잘 간수하지 못했다고 고백하자, 묵직한 죄책

감 및 수치감이 변하여 희망의 씨앗이 되었습니다. 나에게도 책임이 있다고 고백하니 마음의 평안과 자유가 찾아왔습니다.

나를 둘러싼 모든 게 무너져 내릴 때 강하고 큰 믿음을 가지려고 용쓰지 않습니다. 고통이 찾아올 때 '고난의 일부분이겠거니'라고 받아들이며, 차갑고 메마른 땅에서 고통의 싹이 트는 것을 그냥 둡니다. 어찌되었든 그곳이 고난을 겪는 사람이 서있는 곳입니다. 밑바닥 말입니다. 그렇게 기다리는 것입니다.

우리가 명심할 점은 그 어떤 악담이나 고통도 하나님의 은혜와 긍휼을 만나면 압도된다는 사실입니다. 고난의 계절을 통해 우리는 하나님의 선하심을 알게 되어 하나님께 영광을 돌릴 수 있습니다. '우리가 겪는 슬픔이 우리 안에서 하나님의 선하심을 선포한다'면 받아들일 수 있나요? 욥과 요셉, 예수님의 제자들, 심지어 메시아이신 예수님의 삶을 보십시오. 이들이 처했던 고난은 모두 대단했습니다. 그 중에서 요셉이 이런 명언을 합니다.

당신들은 나를 해하려 하였으나 하나님은 그것을 선

소중한 무엇인가를 잃어버린 경험이 있을 것입니다. 아니면 건강 진단 결과가 안 좋거나 나을 가망이 없다는 말을 듣고 살 소망이 꺾인 경험을 한 사람도 있을 것입니다. 사랑하는 이가 회복되지 않아 하나님을 향한 신뢰를 포기한 사람도 있을지 모르겠습니다. 의도적이든 우발적이든 자신이 이미 망쳐놓은 일 때문에 처절한 죄책감과 수치심에 시달리고 있는 사람도 있을 것입니다. 이제 눈물을 닦고 다시 일어나세요. 여정을 이어나가세요. 그리스도를 따르는 성도들이 모진 고난과 역경을 뚫고 나갈 수 있었던 비결은 자신의 현재 모습이 아닌 자신의 '미래적 현재'의 모습을 본 것입니다. 험난한 시기를 항해할 때 그 점을 기억하세요. 미래의 모습을 지금 당겨 볼 때, 고난 중에서도 웃음을 잃지 않을 수 있습니다.

일 년이든 한 달이든 당신에게 주어진 시간을 한껏 활용하세요. 여행을 떠나거나, 유람선 여행을 하거나, 오랫동안 보지 못했던 친구를 만나세요. 힘을 다해 열정 다해 사랑하세요. 사랑하는 사람들과 더 많은 시간을 보내며 삶이 얼마나 소중한지 나누세요. 마라톤을 하거나, 노래를 부르거나, 등산을 하면서 배가 아플 때까지 웃어보세요. 깊은 우울증에 빠져 죽음이 찾아올 때까지 기다리기만 하라고 권고할 의사는 이 세상에 없습니다.

최선책은 싸우는 것입니다. 그러니 살아있기 위해 열심히 싸우세요.

제가 말한 모든 일을 해본다면 당신의 병이 나을까요? 삶이 나아질까요? 품었던 모든 의문에 대해 답을 찾게 될까요? 모릅니다. 솔직하게 말씀드려서 낫지 않을 수 있습니다. 현실을 받아들이고 더 이상 화내지 않아야겠지요. 설교에서 '하나님은 여러분이 고통 당하는 걸 원치 않으신다'라는 말을 들은 적이 있습니다. 설교를 판단할 마음은 없지만, 신앙인으로서 하고 싶은 말이 있습니다. 저는 다른 모든 사람처럼 어려움을 겪은 사람이고 또한 하나님이 고치신다는 것을 믿는 사람입니다. 심장병을 제외하고 다른 경우에 나음 받은 경험이 몇 번 있었습니다. 불치병에서 치유받은 사람도 몇 명 보았습니다. 하나님은 어떤 질병도 치유하실 만큼 권능이 있으시고 크신 하나님이라는 사실을 머

리로도 가슴으로도 의심하지 않습니다. 그러나 다니엘의
세 친구가 맹렬히 타는 풀무불에 던져지기 직전에 한 말도
믿습니다.

> 왕이여 우리가 섬기는 하나님이 계시다면 우리를 맹
> 렬히 타는 풀무불 가운데에서 능히 건져내시겠고 왕
> 의 손에서도 건져내시리이다 그렇게 하지 아니하실
> 지라도 왕이여 우리가 왕의 신들을 섬기지도 아니하
> 고 왕이 세우신 금 신상에게 절하지도 아니할 줄을
> 아옵소서 – 단 3:17~18

우리는 하나님이 준비하신 고난의 잔을 마실 때, 언제,
어디서, 어떻게 마실지 우리가 정하려고 하는 경향이 있습
니다. 인간적으로 말해서 만일 그리스도가 자기 식대로 고
난의 잔을 마시려고 했었다면, 잔을 거부하고 다른 쉬운 길
을 택했을 것입니다. 예수님은 그렇게 하지 않으시고 아버
지 하나님의 뜻대로 하셨습니다. 예수님은 우리의 죄를 자
기 몸에 지시어 우리가 새로운 출발을 할 수 있게 해주셨습
니다. 이는 우리가 아픔도 죽음도 겪지 않는다는 의미가 아

님니다. 아픔과 죽음을 지날 때 예수님이 우리와 함께 계신다는 의미입니다. 다니엘의 세 친구가 풀무불에 있을 때 예수님이 함께 계셨던 것처럼 말입니다. 예수님은 다니엘의 세 친구를 끔찍한 죽음에서 구하실 뿐 아니라 함께 계심으로써 그들이 풀무불에 던져지기 전에 한 믿음의 고백을 이루셨습니다.

그러자 그 사람들을 겉옷과 속옷과 모자와 다른 옷을 입은 채 결박하여 맹렬히 타는 풀무불 가운데에 던졌더라 왕의 명령이 엄하고 풀무불이 심히 뜨거우므로 불꽃이 사드락과 메삭과 아벳느고를 붙든 사람을 태워 죽였고 이 세 사람 사드락과 메삭과 아벳느고는 결박된 채 맹렬히 타는 풀무불 가운데에 떨어졌더라 그때에 느부갓네살 왕이 놀라 급히 일어나서 모사들에게 물어 이르되 우리가 결박하여 불 가운데에 던진 자는 세 사람이 아니었느냐 하니 그들이 왕에게 대답하여 이르되 왕이여 옳소이다 하더라 왕이 또 말하여 이르되 내가 보니 결박되지 아니한 네 사람이 불 가운데로 다니는데 상하지도 아니하였고 그

넷째의 모양은 신들의 아들과 같도다 하고 느부갓네

살이 맹렬히 타는 풀무불 아귀 가까이 가서 불러 이

르되 지극히 높으신 하나님의 종 사드락, 메삭, 아

벳느고야 나와서 이리로 오라 하매 사드락과 메삭과

아벳느고가 불 가운데에서 나온지라 총독과 지사와

행정관과 왕의 모사들이 모여 이 사람들을 본즉 불

이 능히 그들의 몸을 해하지 못하였고 머리털도 그

을리지 아니하였고 겉옷 빛도 변하지 아니하였고 불

탄 냄새도 없었더라 – 단 3:21~27

치유를 받고 안 받고는 고난의 핵심이 아닙니다. 맹렬히 타는 풀무불에서 하나도 상하지 않고 나오는 것이 세 친구의 관심사가 아니었듯이 말입니다. 출애굽기를 보아도, 약속의 땅으로 들어가는 것이 광야 여정의 핵심이 아니었습니다. 고난의 여정은 진지하게 탐구하고 검증하는 과정이라 할 수 있습니다. 이 과정을 통해 하나님의 심정을 깊이 알아가면서 자신에 대해서도 더 알아가게 됩니다. 흑암같은 시간을 보내는 동안 하나님에 대해 피상적으로 알고 있었던 모든 고정관념들이 흔들리게 됩니다. 자아가 깨어

진 자리에서 인생을 향한 하나님의 진정한 뜻을 발견하게
됩니다. 저희 교회의 로저 대니얼 목사님이 한 말입니다.

"하나님은 하나님에 대한 나의 잘못된 관념에 부응하실
의무가 없으시다."

애니메이션 〈라이언킹〉에서 심바가 물에 비친 자기 모
습을 보는 장면이 나옵니다. 심바는 물에 비친 모습에 몰두
합니다. 그 순간 심바는 자기 모습에서 환히 비치는 아버지
의 모습을 보게 됩니다.

"심바야, 네가 누구인지 기억하렴." [14]

아버지의 음성을 들은 심바는 자기 정체성을 회복하고
자신이 있던 곳으로 귀환할 용기를 얻습니다. 고난을 잘 통
과하는 모습이 이 장면에 나와있습니다. 내 모습에서 하늘
아버지의 모습을 볼 수 있을 때까지 일하고, 노력하며, 고
난과 싸우며 생명의 힘을 따라가십시오.

우리가 처한 상황에서 긍정적으로 반응할 수 있다면,
이는 완전히 새로운 제자도에 들어선 것을 의미합니다. 예
수님처럼 고난의 잔을 기꺼이 마실 때 받을 상급을 생각해

---

14 *The Lion King*, DVD, directed by Roger Allers and Rob Minkoff,
      (1994; Burbank, CA: Walt Disney Feature Animation, 2003).

보십시오. 고난과 슬픔은 우리를 찾아올 것이고 그걸 피할 방도는 없습니다. 하지만 이걸 기억하세요. 하나님이 멀리 계시는 것 같고 침묵하시는 것 같이 느껴질지라도 당신은 고난의 여정을 혼자 걷고 있는 게 절대 아니라는 사실을요. 하나님은 우리를 보시고 우리의 외침을 들으십니다. 그 사실을 우리에게 알게 해주시려고 사람과 환경을 들어쓰십니다. 하나님만큼 '같이 있어 주는 사역'을 잘 아시는 이는 없습니다.

고통을 안고 가야할 때, 쓰라린 눈물을 마셔야 할 때, 그럼에도 불구하고 걷고, 뛰고, 필요하다면 기어서라도 헤쳐나가시기를 바랍니다. 그것이 바로 체이싱 라이프Chasing LIfe 생명을 힘써 좇아가는 삶입니다.

> 내가 궁핍하므로 말하는 것이 아니라 어떠한 형편에든지 나는 자족하기를 배웠노니 나는 비천에 처할 줄도 알고 풍부에 처할 줄도 알아 모든 일 곧 배부름과 배고픔과 풍부와 궁핍에도 처할 줄 아는 일체의 비결을 배웠노라 내게 능력 주시는 자 안에서 내가 모든 것을 할 수 있느니라 – 빌 4:11-13

뉴질래랜드 쿡산(Mount Cook), 2018

체이싱 라이프 Chasing Life
고통 속에서 생명의 힘을 따라가는 삶

2020년 10월 19일 초판 발행

지 은 이 | 베바 슐라트만 Beba Schlottmann

번   역 | 곽희은
편   집 | 김수홍, 김설향
디 자 인 | 사라박
펴 낸 곳 | 도서출판 하영인
등   록 | 제504-2019-000001호
주   소 | 포항시 북구 삼흥로411
전   화 | 054) 270-1018
블 로 그 | https://blog.naver.com/navhayoungin
이 메 일 | hayoungin814@gmail.com
인스타그램 | https://www.instagram.com/hayoungin7

ISBN 979-11-971556-1-1(03230)
값 12,000원